Nach dem Kauf,

ist vor dem Kauf

Band 3 aus der Reihe

„Das Akquisitionshandbuch"

von Dirk Meybohm

Impressum

Der Inhalt dieses Buches wurde mit größter Sorgfalt erarbeitet. Dennoch können Fehler nicht vollständig ausgeschlossen werden. Verlag und Autor übernehmen keine juristische Verantwortung oder irgendeine Haftung für eventuell verbliebene Fehler und deren Folgen. Alle Warennamen werden ohne Gewährleistung der freien Verwendbarkeit benutzt und sind möglicherweise eingetragene Warenzeichen. Der Autor richtet sich im Wesentlichen nach den Schreibweisen der Hersteller.

www.meybohm.eu

dirk@meybohm.eu

Inhaltsangaben

Einleitende Worte

Liebe Leser, im Jahr 2009 veröffentlichte ich „Das Akquisitionshandbuches". Es trug den Untertitel „7 Wege zur Geschäftskontaktanbahnung". In diesem Band schrieb ich meine Gedanken rund um das Akquirieren nieder. Nach dem Erscheinen dieses Buches im Handel, erhielt ich von vielen Lesern Nachricht darüber, welchen Nutzen sie aus der Lektüre ziehen konnten. Ich stellte das Buch bei verschiedenen Veranstaltungen vor. Aus den Gesprächen und Korrespondenzen mit meinen Lesern, schöpfte ich neue Ideen und fand Anregungen zu weiteren Artikeln.

Daraufhin überarbeitete ich das Akquisitionshandbuch und gab den Band „Das Verkaufskontinuum" 2011 heraus. Hierin konzentrierte ich mich vorrangig mit grundlegendem Basiswissen zum Verkaufskontinuum. Dort beschrieb ich elementare Werkzeuge mit dessen Hilfe der Leser ein qualitativ hochwertiges Akquirieren bestreiten kann. Weiterhin erläutere ich, detailliert die Phasen und Strukturen, sowie Abläufe im Kontinuum. Lassen Sie sich von meinen Ideen inspirieren!

Schöpfen Sie für sich selbst einen Mehrwert. Denken Sie daran, jeder Kunde dem Sie begegnen ist ein einzigartiges Individuum und deshalb ist jedes Verkaufskontinuum anders gestaltet. Trotzdem unterliegen alle diese Prozesse immer den wissenschaftlichen Gesetzmäßigkeiten. Lassen Sie sich mitreißen von den Worten welche ich hier in schriftlicher Form Ihnen darbringe. Nehmen Sie diese Ideen einfach mit in Ihre täglichen Kundenbegegnungen.

Interessanter Weise, habe ich auf verschiedenen Veranstaltungen, an denen ich teilnahm festgestellt, diese Gedanken stecken nicht nur in meinem Kopf sondern auch in dem, des Einen oder Anderen, aber natürlich auch in vielen meiner Leser. Aus diesem Grunde nehme ich mir im Folgenden auch nicht das Recht heraus, als Einziger oder gar als Erster all diese hier nieder geschriebenen Ideen alleine festgestellt, oder wissenschaftlich ergründet zu haben. Die hier, von mir vorgestellten Thesen, sind abgeleitet aus meinen Erfahrungen, und es bleibt außer Frage, jeder von Ihnen mag seine eigenen persönlichen Schlüsse daraus ziehen. Sie können möglicherweise diese Ideen auch schon einmal an anderer Stelle gelesen oder persönlich erlebt haben. So bestätigt es meine Feststellungen. Ich möchte auf den folgenden Seiten, Ihnen diese Ideen mit auf den Weg geben, damit Sie noch besser den Erstkontakt zum Kunden finden können. Ihnen liegt nun das Buch „Nach dem Kauf ist vor dem Kauf" der 3. Band aus der Reihe „Das Akquisitionshandbuch" vor. Es entstand, da ich nach Abschluss der Bände 1 und 2 noch weitere Manuskripte und Ideen vorliegen hatte. Diese fasste ich nun auf den folgenden Seiten zusammen.

Hierbei betrachte ich die Abläufe im Kontinuum nach dem Moment des Transfers des Produktes (POT) hin zur Kundschaft, bis zu dem Augenblick wenn dieses Kontinuum endet. Nach diesem Ende folgt idealerweise wieder ein Moment des POT. Zwischen diesen beiden Momenten liegt viel Arbeit vor Ihnen. Einen Großteil werden Sie nur mit der Kundschaft gemeinsam erfüllen können. Es gibt auch einen Teil an Arbeit der vor Ihnen liegt den Sie jedoch für die Kundschaft ohne deren Beisein durchführen können und müssen.

Das Kontinuumsverständnis

Liebe Leserschaft, Sie haben in den Bänden 1 und 2 von mir bereits einige Informationen in Bezug auf die Kundenbetreuung erhalten. Ich erwähnte vor allem bei der Vorstellung des Datenwarenhauses bereits Begriffe im Zusammenhang mit dem Verkaufskontinuum. Zu allererst möchte ich Ihnen sagen, der Ablauf eines Verkaufszyklus ist geprägt von einem Kontinuum. Laut Duden ist ein Kontinuum, stetig, ununterbrochen, lückenlos zusammenhängend, sich fortsetzend. Was ist nun darunter zu verstehen? Auf den Punkt gebracht kann man sagen, jedes Verkaufskontinuum umfasst die Gesamtheit aller zum Verkauf gehörender Prozesse. Diese Prozesse sind stetig und ununterbrochen in Bewegung. Der bekannte Einwand, ein Verkaufsprozess kann unterbrochen werde, bedeutet nur ein anderer Prozess ist eingeschoben und setzt den vorhergehenden Prozess nun in anderer Weise und mit anderer Geschwindigkeit oder Richtung des Kontinuum fort. Das Verkaufskontinuum unterliegt verschiedenen inneren und äußeren Einflüssen. Für die Verkäuferschaft ist es außerordentlich wichtig zu wissen, an welcher Stelle des Kontinuums sich die Kundschaft befindet. Wenn Sie z.B. Ihre Kundschaft, welche sich noch in der Produktnutzungsphase befindet, schon zum Vertragsabschluss bewegen wollen, werden Sie nicht zum Erfolg kommen. Oder, was noch schlimmer wäre, Sie erzwingen den Verkaufsabschluss, dann haben Sie eine erhöhte Stornoquote. Diese führt fast immer zu Kosten und Imageverlust. Vergessen Sie nicht: Die Kundschaft bewegt sich im Kontinuum!

Die Position der Kundschaft ist veränderlich! Und zwar nicht nur in eine Richtung. Die Bewegungen der Kundschaft werden immer durch Antriebsenergien erzeugt. Diese beruhen auf die dauerhaft einwirkenden Impulse. Die durch innere und äußere Einflüsse hervorgerufen werden. Die Kundschaft kann sich deshalb im Kontinuum sowohl vor-, rück- als auch seitwärts bewegen. Sie bewegt sich auch ohne bewusst diesen Antriebsimpuls wahr zu nehmen!

Die alles entscheidende Frage für alle die in der Kundenbetreuung involviert sind, ist: „Wo befindet sich die Kundschaft im Kontinuum?" Diese Frage ist für alle Teammitglieder eine grundsätzliche Voraussetzung um zu wissen, wie sie sich der Kundschaft gegen über verhalten soll. Darum hier zuerst einmal erwähnt, welche Phasen gibt es im Verkaufskontinuum? Es gibt 5 Hauptphasen welche wiederum in verschieden Segmente unterteilt werden können. Die Phasen sind:

Die Akquisitionsphase

Die Informationsphase

Die Verkaufsphase

Die Produktionsphase

Die Produktnutzungsphase

Diese 5 Phasen im Verkaufskontinuum haben eine gleiche Wichtigkeit. Keine der 5 Phasen darf vernachlässigt werden. Ich möchte Sie mit den allgemeinen Grundlagen des Verkaufskontinuums vertraut machen. Dazu gebe ich Hinweise welche Möglichkeiten zur Beschleunigung im Verkaufskontinuum bestehen.

Weiterhin stelle ich Ideen zur Steuerung von Prozessen innerhalb des Verkaufskontinuums in diesem Band noch vor. Weitere tiefgreifende Ausführungen finden sie in meinen Bänden 1 und 2 von dieser Ausgabe. An dieser Stelle möchte ich noch einmal darauf hinweisen.

Die Kundschaft bewegt sich im Kontinuum! Ihre Position ist veränderlich. Darüber sprach ich bereits im Abschnitt zum Datenwarenhaus im Band 1 „Das Verkaufskontinuum". Dort lernten Sie bereits wie Sie ein Datenwarenhaus erstellen? Wie viele haben Sie inzwischen erstellt. Sie haben verschiedene Bewegungen der Kunden im Verkaufskontinuum festgestellt? Sie fragen sich warum ist dieses so?

Den Kundenbewegungen liegen Einflüsse von innen wie von außen vor. Diese wirken mittels Impulse auf die Bewegungsrichtung und deren Geschwindigkeit ein. Es gibt eine Vielzahl von Einflüssen. Diese Einflüsse haben unterschiedliche Impulsintensität und damit Folgen bezüglich des Bewegungsverhaltens der Kundschaft im Verkaufskontinuum. Es gibt dabei innere und äußere Einflüsse. Welche diese im Einzelnen sind beschrieb ich im Abschnitt: „Die Wirkung von Einflüssen" im erwähnten Band 1. Diese dort erwähnten Einflüsse unterliegen keinesfalls der Vollständigkeit. Es gibt unzählige weitere, welche vielleicht spezifisch für Ihre Produkte oder Dienstleistungen zutrifft. Weiterhin unterliegen diese Einflüsse einem steten Wandel. Eine Analyse oder Information über die Kundschaft heute erstellt, kann morgen schon über den Haufen geworfen sein! Darum ist es wichtig einen engen Kontakt zur Kundschaft zu finden, damit diese, wenn sie kaufbereit ist, sich bei Ihnen einfindet.

Sie müssen für die Kundschaft die erste Ansprechperson sein. Die Kundschaft, die von Ihnen betreut wird, sollte sich mit seinem Produkt so sehr identifizieren, damit diese auch die nachfolgenden Kontinuen mit Ihnen durchlaufen wird. Selbstverständlich wird sie auch dann von Ihnen (oder auch von Ihrem Team) in diesen betreut. Um diesen komplexen Umfang verstehen zu können möchte ich hier einmal beginnen bei der Erläuterung der einzelnen Abschnitte welche sich im Kontinuum befinden und welchen Charakteristiken diesen unterliegen. Hierzu nehmen wir ein Beispiel. Stellen Sie sich selbst als junge Verkäuferschaft in einem Unternehmen für ein neues Produkt vor. Ihre Aufgabe ist es, für dieses Unternehmen, zukünftig den Vertriebsprozess eines vollkommen neuen Produktes durchzuführen. Ein Produkt welches so noch nie auf dem Markt zu erhalten ist.

Nun steht, nach dem sie, ihr neues Produkt selber kennen gelernt haben, die folgenden Fragen: Wie sollen Sie zukünftig Ihr Geld verdienen? Nun, in dem Sie ein Produkt ausliefern und dafür einen Gewinn erzielen, der Ihnen entsprechen honoriert wird!

An wen sollen Sie ein Produkt ausliefern?

An Kundschaft, welche einen Vertrag bei Ihnen unterschreiben!

Woher kommen denn die Verträge?

Als Ergebnis aus einem erfolgreichen Verkaufsgespräch!

Wie kommen Sie zu einem Verkaufsgespräch?

In dem Sie Verkaufstermine vereinbaren.

Woher bekommen Sie einen Verkaufstermin?

Genau dann, wenn Sie Kundschaft an Ihrem marktneuen Produkt interessiert machen!

Woher bekommen Sie denn die Interessentschaft, für dieses Produkt?

Indem Sie Kontakten von Ihrem marktneuen Produkt kurz erzählt und fragen, die zwar bisher ein anderes Produkt nutzen als jenes, welches Sie nun neu im Markt präsentieren.

Was hat die Kundschaft genutzt, welche von Ihnen akquiriert wird?

Sie wird derzeitig irgendein anderes Produkt nutzen. Jenes wird noch den Anforderungen entsprechen. Ihr Ziel muss es jedoch sein, genau jene Kundschaft zu ermitteln welche sich am Ende ihres derzeitigen Verkaufskontinuums befinden und deshalb begierig ist etwas über Ihr neues Produkt zu erfahren. Genau bei dieser Kundschaft sind Sie am entscheidenden Punkt angekommen. Mit unserem Fragespiel haben wir einmal das Kontinuum im Schnelldurchlauf absolviert. Allerdings in rückwärtiger Reihenfolge. Bei einem vollständig neuem Produkt oder einer neuartigen Dienstleistung kommen Sie nicht umhin mit der Akquisitionsphase zu beginnen. Sie akquirieren hierbei Kundschaft welche sich akquirieren lassen will. Diese Kundschaft werden Sie mit Informationen versorgen. Wenn es Ihnen gelingt die Begehrlichkeit auf dieses Produkt, welches Sie neu in den Markt einführen zu wecken, dann ist der erste Schritt getan.

Jetzt liegt es an Ihnen, aus der Begierde einen konkreten Wunsch der auch erfüllbar ist für Ihre Kundschaft ist, zu entwickeln. Nun ist der Mindeststandard erreicht um die Kundschaft in die Verkaufsphase zu begleiten. In der Verkaufsphase ermitteln Sie den konkreten und kundenspezifischen Bedarf.

Hierbei sollten alle Details zu Bauart, Form, Farbe, Design oder Geschmack erläutert und deren Vorteile und Nutzen für den Kunden ermittelt und besprochen werden. Anschließend wird diese Beschreibung von Produkt und Dienstleistung in einem Vertrag formuliert. Der von beiden Handelspartnern durch Unterschrift bestätigt wird.

Danach begleiten Sie die Kundschaft in die Produktionsphase. Hierbei bleiben Sie mit der Kundschaft in Kontakt um ihr den Produktionsstand mitzuteilen. Natürlich könnten Änderungswünsche berücksichtigt werden. Falls dieses nicht möglich ist, suchen Sie eine Alternative um spätesten während der Produktnutzenphase diese Wünsche zu erfüllen. Nach beendeter Produktion, liefern Sie nun das bestellte Produkt oder die vereinbarte Dienstleistung. Stellen Sie die Rechnung und verlangen Sie Ihren finanziellen Gegenwert zur vereinbarten Lieferung. Sie verlangen nicht zu viel, wenn Sie nach Ihrer Vertragserfüllung dieses auch von Ihrem Handelspartner erwarten. Wenn Sie Ihren verdienten Lohn erhalten haben, begleiten Sie Ihre Kundschaft nun durch die Produktnutzungsphase. In dieser Zeit haben Sie je nach Dauer des Kontinuums oftmals die Gelegenheit Kontakte zur Kundschaft zu halten. Immer werden Sie, wie Sie schon wissen, Ihre Informationen im Datenwarenhaus hinterlegen.

Sie wissen, es kommt der Tag an dem auch dieses heute gänzlich neue Produkt am Markt, seinerseits alt ist und ersetzt werden muss. Diesen Zeitpunkt gibt es definitiv!

Dieser Termin wird alle Produkte oder Dienstleistungen ereilen. Jedoch hängt es von der jeweiligen Kundschaft die diese Nutzung betreibt ab, wann jener Zeitpunkt eintritt.

Sie haben den ständigen Kontakt und werden darum vom Nahen dieses Zeitpunktes erfahren. Nun beginnt die nächste Akquisitionsphase! Ein Verkaufskontinuum ist abgeschlossen! Die Kundschaft wurde durch Sie durch dieses Kontinuum hindurch begleitet. Wie oben beschrieben, werden Sie auch jetzt wieder diese Kundschaft durch die Produktnutzungsphase hindurch begleiten. Der Tag an dem dieses Kontinuum endet wird auch bei diesem Produkt kommen. Sie werden die Kundschaft bedarfsorientiert beraten und Ihnen dann das Gewünschte verkaufen. Und wenn der Kunde nicht gestorben ist ….

Ich wünsche Ihnen, Sie haben hier nicht von einem Märchen gelesen, sondern es möge wirklich eine dauerhafte Handelspartnerschaft bestehen bleiben. Diese zu entwickeln ist nicht selbstverständlich. Kämpfen Sie um diese Partnerschaft.

Sie wurden in Ihrem Unternehmen mit einem beliebigen Aufgabenfeld betraut. Darum lasse ich im Folgenden Ihre tatsächliche Aufgabe vollkommen außer Betracht. Es ist aber eines unabdingbar, Sie müssen dieses Verständnis des Verkaufskontinuums besitzen. Ihnen ist vor allem klar welche Aufgaben Ihre Unternehmensmitarbeiter ausüben!

Sie verstehen die einzelnen Details und Abläufe vom Verkaufskontinuum. Sie positionieren sich darin der Kundschaft gegenüber, auch dann wenn Sie nicht mit einer Aufgabe betraut sind, welche Kundenkontakt verlangt. Sie haben aber internen oder externen Zugang zu Informationen über Kunden. Diese Informationen müssen nicht zwingend Ihren Arbeitsprozess betreffen, aber geben Sie diese weiter!

Sie müssen jenes Verständnis aufbringen andere Mitarbeiter die im Verkaufskontinuum eingebunden sind, können für die Kundenbetreuung diese Information gebrauchen. Auch wenn Sie glauben das Verkäuferkollegium kann dann wieder etwas verkaufen und sich Provision einstreichen. Würde Ihre Information nicht eintreffen und darum der Verkaufsprozess nicht positiv abgeschlossen werden, geht diese Kundschaft verloren. Dann wird dieses neue Verkaufskontinuum dieser Kundschaft anderswo ablaufen. Ihre Arbeit die in einer späteren Phase des Verkaufskontinuums notwendig würde, könnte sich erübrigen. Sie liebe Leserschaft, sind mit der Unternehmensführung betraut? Bitte bedenken Sie immer, alle im Unternehmen Beschäftige können wichtige Informationsgeber sein. Darum ist es wichtig, auch Sie müssen Teil des Datenwarenhauses werden. Auch Sie sollten Informationen dazu beitragen. Aber vorrangig muss es Ihre Aufgabe sein, alle im Unternehmen beschäftigte dazu zu motivieren, Informationen an das Datenwarenhaus weiterzugeben. Die Kopplung dieses Verständnisses vom Verkaufskontinuum und dem Datenwarenhaus ermöglicht es Ihnen, in hohem Maße wirtschaftlicher zu arbeiten als ohne dieses Verständnis. Daher gilt, Ihre Entscheidungen sind nur so gut, wie die Informationen auf denen diese beruht.

Die effizientesten Entscheidungen treffen Sie, wenn Ihre Informationen vollständig, präzise und jederzeit verfügbar sind. Korrekte und zeitnahe Informationen sind heute in jedem Fall ein erfolgskritischer Faktor. Wettbewerbsfähigkeit und Marktüberlegenheit ist deshalb gleichzusetzen mit Ihrem Verständnis vom Verkaufskontinuum, in Verbindung mit den Daten aus Ihrem Datenwarenhaus.

Sie führen die Daten aus den unterschiedlichsten Quellen zusammen und greifen jederzeit gezielt auf aktuelle und zeitnahe Informationen zu. Die Position im Kontinuum der Kundschaft kann sich verändern, abhängig von inneren und äußeren Einflüssen. Diese Einflüsse lösen Impulse aus und setzen die Kundschaft innerhalb des Kontinuums in Bewegung und aufgrund dieser Bewegung könnte diese jetzt Ihre Produktinformation benötigen. Wenn Sie jetzt durch Erscheinen und Wissen um diese Bewegung und die damit einhergehenden Veränderung auftreten, noch bevor ein Mitbewerber diese Kundschaft erreicht, steht Ihrem Erfolg wenig im Wege. Darum analysieren Sie tägliche Ereignisse welche auf Ihre Kundschaft Impulse auslösen könnten. Beobachten Sie Ihre Produkte oder Dienstleistungen im Markt und binden Sie Mitarbeitern aus ihrem gesamten Unternehmen in diesen Prozess mit ein. Als Führungsperson Ihres Unternehmens mit einem so integrierten Team, unterstützen Sie in jedem Fall teamorientierte Entscheidungsprozesse. So beugen Sie in Ihrem Unternehmen zeitliche Informationsverluste vor.

Liebe Akquisiteurschaft, wenn Sie auf Ihre Kundschaft zu gehen, dann ist es wichtig Sie sammeln die Informationen. Diese geben sie dann an das Datenwarenhaus weiter.

Von dort erhält das Betreuungsteam die relevanten Informationen, um die Kundschaft dann zum Produktkauf weiter zu leiten und diese danach an die Serviceabteilung übergibt. Diese begleitet dann die Kundschaft durch die Produktnutzungsphase hindurch. Nach durchlaufen dieser Phasen werden Sie dann von dort die Kundeninformationen für eine Reakquisition aus dem Datenwarenhaus bekommen.

Liebe Verkäuferschaft, Sie haben von der Akquisitionsabteilung oder der Serviceabteilung folgende Kundeninformation erhalten, die Kundschaft befindet sich in der Informationsphase. Nur wenige Impulse genügen um diese Kundschaft hin zur Verkaufsphase zu bringen. Dann nutzen Sie die gesamten Informationen um die Kundschaft zum Wiederkauf zu begleiten. Vervollständigen Sie danach das Datenwarenhaus. Fügen Sie alle neuen Informationen diesem Datenwarenhaus zu. Überprüfen Sie ob alle fundamentalen Informationen noch auf dem aktuellen Stand sind. Danach übergeben Sie diese Kundschaft mit dem Datenwarenhaus an die Serviceabteilung, welche die Weiterbetreuung durchführt, bis die Akquisitionsabteilung die Information hat, der Kunde hat das gesamte Verkaufskontinuum durchlaufen und steht dann vor dem erneuten Wiederkauf.

Liebes Serviceteam, Ihnen wurde eine Kundschaft aus der Verkaufsabteilung zur weiteren Betreuung übergeben. Nutzen Sie alle Informationen um diese Kundschaft sorgsam weiterhin zu betreuen. Begleiten Sie diese hinweg über die gesamte Zeit der Nutzungsphase. Füllen auch Sie das Datenwarenhaus mit Informationen und aktualisieren Sie die Kundendaten.

Sie stellen in der Produktnutzungsphase irgendwann fest, diese Kundschaft befindet sich in der Nähe der nächsten Akquisitionsphase, dann übergeben Sie diese Kundeninformation an das Datenwarehaus und damit an die Akquisitionsabteilung. Diese wird die Daten aufbereiten und die Kundenbetreuung weiterführen, bis hin zum Verkauf. Dort wird dank aller Informationen der Kundschaft genau das benötigte Produkt zur verkauft.

Somit wird für Sie eine neue Kundschaft zur Servicebetreuung zugeleitet. Liebe Unternehmensleitung, dieser ideale Informationsfluss innerhalb des Datenwarenhauses und des Verkaufskontinuums in Ihrem Unternehmen sollte von allen Mitarbeitern gefördert werden. An dieser Stelle bitte ich Sie einmal zu überlegen, würden Sie alle Ihre Mitarbeiter fragen „Wohin mit einer Kundeninformationen?" Was meinen Sie, welche Antwort erhalten Sie? Ich lege Ihnen ans Herz, schulen Sie Ihre Mitarbeiter, damit keine Informationen verloren gehen. Sie sollen von allen relevanten Mitarbeitern greifbar sein. Damit diese Mitarbeiter das Datenwarenhaus ergänzen und aktualisieren können. Nutzen Sie hierzu ein professionelles Produkt. An dieser Stelle nochmals Sie als Führungspersönlichkeit stellen sicher, Ihr Team ist an allen Stellen bereit, diese Informationen zu bündeln. Dieses setzt in Ihrem Unternehmen eine Struktur voraus, welche diesen Informationsfluss fördert. Aber fördern Sie auch die Bereitwilligkeit zur Informationsgabe! Loben sie eine Prämie für einen Informationstipp aus. Führen Sie einen Tippwettbewerb mit einem Prämiensystem durch. Verständlich sollten da Mitarbeiter welche verkaufsfern in Ihrem Unternehmen arbeiten bevorzugt werden.

Prämieren Sie jeden Tipp. Auch nur ein einzelner Informationstipp ist für das Datenwarenhaus wichtig.

Liebe Leserschaft, Sie verstehen nun das Ziel dieses Informationsflusses! Durch Ihre Aktivität schaffen Sie ein effektives und jederzeit nutzbares Datenwarenhaus. Allen im Unternehmen stehen dann die für Ihre jeweilige Aufgabe, relevanten Daten entsprechen deren Entscheidungsbefugnisse zur Verfügung.

Die Verkäuferschaft, das Serviceteam als auch die Akquisiteurschaft, sind so wesentlich dynamischer und schneller informiert und sehen sich dadurch in der Lage, in einem dynamischen Marktumfeld jederzeit richtig, schnell und vor allem wirtschaftlich zu handeln und entsprechend beim Auftreten von inneren und äußeren Einflüssen, welche Impulse auslösen die auf das Verkaufskontinuum ihrer Kundschaft wirken könnte, schnell und effizient zu reagieren. Das gesamte Verkaufsteam verfügt dadurch über ein breiteres Wissen bezüglich der Kundschaft, um kundennah handeln und reagieren zu können. Die Sammlung, Auswertung und Umsetzung solcher Daten können zu einem überlebenswichtigen Faktor für Ihr Unternehmen werden. Eventuell notwendige Neuausrichtungen nach Kundenbewegungen im Kontinuum können so schneller bearbeitet werden. Nach einer, Neuausrichtung welche Sie in, Bezug auf die Veränderung im Kontinuum mit Ihrem Team erarbeitet haben, kann dann auch nachvollziehbar und für jedes Teammitglied differenziert erlebbar erfasst werden. Nehmen wir jenes erwähnte Beispiel von oben noch einmal auf. Ihre gewerbliche Kundschaft unterliegt einer bestimmten Gesetzgebung um ihr Unternehmen führen zu dürfen. An dieser Gesetzgebung tritt (durch einen äußeren Einfluss) eine Veränderung ein.

Jenes Unternehmen benötigt ein verändertes Produkt. Darauf können Sie sich einstellen und die Kundschaft nun mit jener gesetzestreuen Version bedienen. Damit öffnen Sie einen veränderten Markt, und präsentieren veränderte Produkte. Je nach Gesetzeslage handelt die Kundschaft schneller oder langsamer. Sie haben die Umstellung durchgeführt und sind bereit die Kundschaft optimal zu bedienen.

Sollten Sie, nicht mit der Unternehmensleitung beauftragt sein, sondern ein wichtiger Teil des Teams sein, welches sich mit der Kundenbetreuung oder mit anderen unternehmenswichtigen Aufgaben beschäftigt, dann sollen diese vorstehenden Zeilen Ihnen den Einblick geben, warum Ihre Team- oder Unternehmensleitung zusätzliche Datenmengen besitzt und daraus resultierende Entscheidungen fällen muss. Diese entscheidet über Bereiche welche auch andere Teile des Unternehmens betreffen, die außerhalb dem Ihnen zugewiesenen Aufgabengebiet liegen. Deshalb obliegt es der Führungsebene die Entscheidungen zum Wohle des Unternehmens zu fällen und die Erfüllung der gestellten Ziele, der einzelnen Teammitgliedern, zu erstellen, steuern und zu kontrollieren. Allgemein sei gesagt, es sind oft die unscheinbaren Dinge des Lebens die von Außenstehenden als nichtig erachtet werden. Aber gerade diese können Einfluss auf die Kundschaft nehmen und dessen Standorte im Kontinuum verändern. Darum haben Sie auch Verständnis sollte Ihre Teamleitung Entscheidungen treffen welche Ihnen als unverständlich erscheinen. Sprechen Sie mit der Teamleitung darüber, wenn Sie sich in Ihrem Arbeitsfeld mit Widersprüchen konfrontiert sehen. Haben Sie aber auch Verständnis für datenschutzrelevante Dinge.

Darum kann es geschehen, Sie bekommen nur für Ihren Aufgabenbereich relevante Informationen. Jedoch diese müssen umfassend für Sie sein. Wie aber soll mit den Daten nun im Unternehmen umgegangen werden? Jedes Verkaufskontinuum liefert Information über die Kundschaft die Sie betreuen.

Alle diese Informationen an sich zu sammeln ist wie schon beschrieben ein wichtiger Prozess, aber diese Informationen nur zu sammeln kann keine informationsrelevante Aufgaben eines seriösen vertriebsorientieren Unternehmens sein. Der Zweck der Informationssammlung muss auch dessen Anwendung in der Praxis sein. Ich stelle im bisherigen Verlauf das Verkaufskontinuum und die hierzu nötigen Werkzeuge vor. Im Folgenden möchte ich einiges zu den Phasen im Verkaufskontinuum schreiben.

Die Kybernetik im Kontinuum

In den vorherigen Abschnitten erläuterte ich die Phasen des Verkaufskontinuums. Diese waren die:

- Die Akquisitionsphase

- Die Informationsphase

- Die Verkaufsphase

- Die Produktionsphase

- Die Produktnutzungsphase

Es sollte für jeden der in der Kundenbetreuung eingebunden ist, immer unmissverständlich klar sein, jede Phase im Kontinuum ist gleichermaßen wichtig. In der Realität läuft das Kontinuum abhängig von der Produktlaufzeit sehr unterschiedlich ab. Ohne Frage gibt es Produkte welche eine sehr hohe Kontinuumsgeschwindigkeit besitzen. Andere Produkte besitzen eine sehr lange Laufzeit und relativ geringe Geschwindigkeit. Für diese Produkte welche selber auch sehr langlebig sind, benötigt die Kundschaft sehr viele Impulse um sich im Verkaufskontinuum voran zu bewegen. Nun ist es ja nicht in Ihrem Interesse die Kundschaft willkürlichen Impulsen zu überlassen. Damit Sie dieses willkürliche Auftreten verhindern, bedingt es Sie müssen sich mit der Thematik der Impulse beschäftigen. Diese Impulse sind verantwortlich wohin sich die Kundschaft im Kontinuum bewegt.

Zur Untersuchung dieser Thematik begeben wir uns in ein wissenschaftliches Teilgebiet, der Kybernetik. Hierzu einige Worte der Erklärung.

Bereits in antiken Schriftstücken wird der Begriff Kybernetik verwendet. So meinte bereits Homer damit die Aufgaben des Steuermannes zum führen von Schiffen. Bei Platon wurde der Begriff des Kybernetikers dahin ausgelegt, er bediene das Steuerruder einer Regierung. Später wird der Apostel Paulus, dem Kybernetiker die Fähigkeit des Leitens, zu sprechen.

In der heutigen Zeit umfasst die Kybernetik alle Gebiete welche mit der Steuerung und Leitung von Prozessabläufen in Berührung kommen. In der Elektronik treffen wir diese Wissenschaft häufig im Zusammenhang mit Mess-, Steuer- und Regeltechnik an. Hierbei wird von einem Zustand ausgegangen der mittels geeigneter Technik gemessen werden kann. Sollte vom Istzustand eine Abweichung auftreten, wird die Steuertechnik aktiviert, die durch Regelung den Istzustand wieder herstellt. An diesem vereinfachten Modell lässt sich auch erklären, stetige Einflüsse wirken auf jedes System ein. Der Istzustand in einem System ist als gegebenes Soll festgelegt. Durch innere oder äußere Einflüsse wirken Impulse auf dieses System ein. Diese Impulse bewirken eine Abweichung von diesem Soll. Die Messeinrichtung stellt diese Abweichung fest. Sie aktiviert die Steuereinrichtung. Diese erhält durch die Messeinrichtung jene Information über die Änderungsrichtung. Jetzt bekommt die Regeltechnik vorgegeben welche Maßnahmen durchgeführt werden, um den Zustand des Solls wieder zu erreichen. Ein Beispiel genau hierfür ist ein exakt temperierter Raum. Dieser könnte in einem Museum zu finden sein, damit dort gelagerte Kunstschätze optimal überdauern. Es gibt dort eine Messeinrichtung welche die Raumtemperatur überprüft.

Tritt eine Abweichung auf, gibt es eine Information. Bei manueller Steuerung wird ein Mensch die Temperierung so regeln, bis sich die Solltemperatur wieder eingestellt hat. Genauso kann die Steuerung auch auf ein Gerät übertragen werden. In unserem Bespiel finden wir in diesem Menschen den Steuermann! Er leitet die Veränderung in der Wärmezufuhr ein. Er ist der Kybernetiker in diesem System!

Aber jeder Steuermann muss ein Ziel haben! Zu diesem muss er das Schiff steuern. Nur wenn dieses Ziel klar vor ihm liegt kann er einen Kurs auswählen. Weicht sein Schiff davon ab, sind seine kybernetischen Fähigkeiten gefragt. Durch geeignete Manöver lenkt er auf einen Kurs ein der dieses Schiff wieder dem gestellten Ziel näherbringt. Alle Steuermanöver brächten nichts ein, wenn kein Ziel vorgegeben wäre. Hätte der Steuermann kein Ziel, gäbe es keine Kursabweichung!

Zurück zum Verkaufskontinuum! Genau wie eben beschrieben brauchen auch Sie ein Ziel! Wenn Sie dieses erstellt haben, stellen Sie die Frage: „Ist es möglich einen Steuermann, einen Kybernetiker, im Verkaufskontinuum zu platzieren?" Aber ja! Sie! Werden Sie zum Kybernetiker des Verkaufskontinuums! Sie erhalten aus Ihrem Datenwarenhaus eine Information, dann beginnen Sie zu ermitteln ob der Kurs des Kunden zum Neukauf eingehalten wird. Sie stellen Abweichungen fest, dann beginnen Sie zu steuern. Steuern Sie die Impulse welche auf den Kurs der Kunden einwirken. Lernen Sie darum, die Steuerung des Verkaufskontinuums funktioniert immer nur durch die Steuerung der Kunden. Durch Ihre Aktivität steuern Sie den Kunden.

Ein einfaches Beispiel ist die bewusste Gesprächsgestaltung. Ein schönes Beispiel wäre folgende Situation im Verkaufsraum sprechen Sie einen Kunden an und ermitteln einen exakten Bedarf für Ihr Modell (XYZ). So könnten Sie den Kunden gezielt auf dieses Modell vorbereiten:

1. Impuls: Der Standpunkt

Sie sagten mir ihr neues Produkt soll ein modernes Design besitzt!

2. Impuls: Der Aspekt

Viele andere Kunden bestätigten mir durch deren Kauf, unser Modell (XYZ) erfüllt diesen Wunsch.

3. Impuls: Der Beweis

Unser Modell (XYZ) wurde mit mehreren Preisen ausgezeichnet.

4. Impuls: Der Vorschlag

Sie können sich bei mir und jetzt gleich davon überzeugen.

5. Impuls: Der Appell

Lassen Sie uns gemeinsam das Modell (XYZ) einmal ansehen!

Wichtig ist, Sie können nach dieser Formel ganz gezielte Impulse dem Kunden geben. Aus Ihrer eigenen täglichen Praxis werden Sie dieses Muster bestimmt wiedererkennen! Oder nicht? Versuchen Sie es dann demnächst!

Verstehen Sie die Kybernetik im Verkaufskontinuum als Steuerung des Kunden. Steuern Sie also jedes Gespräch bewusst auf das gewünschte Ziel hin. Dieses Ziel muss nicht der sofortige Anschluss sein. Im Band 1 „Das Verkaufskontinuum" aus dieser Reihe, erläuterte ich detailliert die Aufgaben in einem Kundenbetreuungsteam. Wenn Ihre Aufgabe darin besteht die professionelle Akquisition des Kunden, verbunden mit der Erfassung der Kundenkontaktdaten, also jener grundlegenden Daten, dann halten Sie sich jenes Ziel vor Augen. Begreifen Sie dieses Ziel, die vollständige und akkurate Datenerfassung steht als Aufgabe, also steuern Sie Ihr Gespräch darauf hin, damit der Kunde Ihnen seine Datenerfassungseinwilligung gibt und Sie die Daten im Datenwarenhaus aufnehmen dürfen. Im Band 2 „Wege zum Kunden" aus der Reihe „Das Akquisitionshandbuch" zeigte ich verschiedene Wege zum Kunden auf.

Jeder dieser Wege bedarf unterschiedlicher Technik. Aber egal welchen Weg Sie wählen, es gibt ein Ziel. Darauf müssen Sie hinsteuern. Wenn Sie der Akquisiteur in Ihrem Team sind, ist es Ihr Ziel das Datenwarenhaus mit den grundlegenden Daten zu eröffnen und dieses nach und nach mit allen wichtigen Informationen zu füllen. Genau dann bietet sich für Sie eine Möglichkeit wie ich es im Band 1 „Das Verkaufskontinuum" aus der Reihe „Das Akquisitionshandbuch" schon bei jenem Geburtstagstelefonat beschrieb. Dieses ist ein kleines Beispiel wie Sie die kybernetischen Gesetze im Verkaufskontinuum anwenden. Hierbei wissen Sie um einen inneren Einfluss der auf den Kunden einwirkt.

In diesem Band 1 erläuterte ich ausführlich bei der Anwendung des Datenwarenhauses den Geburtstagsanruf. Betrachten Sie diesen Vorgang aus der Sicht des Kybernetikers. Selbstverständlich ist der Geburtstag ein innerer Einfluss der durch Impulse auf die Geschwindigkeit oder Richtung des Verkaufskontinuums einwirkt. Je älter der Kunde wird, können sich durch die Alterungsprozesse geänderte Ansprüche an Produkte oder Dienstleistungen ergeben. Diese verlangen dann nach einem „Neuen"! Aber auch die Produktalterung ist ein Aspekt. So verschleißt ein Produkt und Sie wissen anhand Ihres Datenwarenhauses wie alt dieses im Moment „Genutzte" ist. Somit können Sie abschätzen wann das Ersatzkontinuum beginnen wird. Wie Sie an diesem Beispiel sehen, sind Einflüsse auf die Kundschaft, entscheidende Impulsgeber für die Bewegung jener im Verkaufskontinuum. Einflüsse so haben wir festgestellt, nehmen einen wichtigen Platz bei der Bewegungsrichtung und Bewegungsgeschwindigkeit der Kundschaft im Verkaufskontinuum ein. Darum ist es wichtig zu wissen welche Einflüsse es gibt. Genau wie unser Steuermann nur in die richtige Richtung steuern kann wenn er ein genaues Messergebnis erhält, braucht der Steuermann im Verkaufskontinuum bestmögliche Informationen über genau diese Einflüsse. Wenn es gelingt diese Einflüsse zu steuern, steuern Sie auch die Richtung und Geschwindigkeit der Kundschaft im Verkaufskontinuum. Die Informationen über Einflüsse werden durch das Datenwarenhaus und dem Vorlagesystem zur Verfügung gestellt. Selbstverständlich sind die fundamentalen Informationen zum Kunden im Datenwarenhaus vorhanden.

Von dort werden diese Informationen zu Ihnen gelangen. Steuern Sie diese Einflüsse und geben Sie damit zielgenaue Impulse.

Reagieren Sie also auf diesen inneren Impuls durch Ihren Geburtstagsanruf. Schon alleine durch Ihr telefonisches Auftreten führen Sie gesteuerte Impulse auf die Bewegungsrichtung des Kunden aus. Durch dieses bewusste Auftreten steuern Sie den Bewegungsprozess. Also sind Sie der Steuermann. Diese von Ihnen gesteuerten Impulse, sind äußere Einflüsse. Äußere Einflüsse können aus sehr unterschiedlichen Quellen stammen. Auch Ihr Marktbegleiter kann vom Geburtstag des Kunden wissen und ihn anrufen. Darum wäre es schlecht wenn nur er anruft und Sie Ihre Chance auf Impulsgabe verpassen.

Damit Sie möglichst häufig einen Grund haben äußere Einflüsse wirken zu lassen bietet es sich an innere Einflüsse festzustellen. Denn diese Einflüsse unterliegen einer regelmäßigen Wiederkehr. Sie unterliegen einer gesetzmäßigen Ablaufstruktur. Wenn es Ihnen gelingt diese zu erkennen, dann können Sie bewusst äußere Einflüsse auf die Bewegung der Kunden steuern. So ist z. B. bei Produkten der Alterungsprozess ganz bewusst steuerbar. In unserer heutigen Industriegesellschaft ist es leider allzu häufig üblich, mit der Einführung der Nachfolgegeneration eines Produktes wird nur noch für dieses „Neue" der Service angeboten. Damit ergibt sich, jeder Nutzer des „Alten" wird früher oder später zu einem Käufer des „Neuen". Ebenso lässt sich voraussehen, wann der Alterungsprozess des Nutzers nach einem „Neuen" verlangt. Auch hier muss gezielt eine Steuerung der Impulse durchgeführt werden.

Zum Erkennen von gesetzmäßig auftretenden inneren Ereignissen erstellen Sie sich eine Liste. In dieser Liste führen Sie auf welche inneren Einflüsse in Ihrer Praxis existieren und Impulse auslösen. Sie werden feststellen, es gibt impulsgebende innere Einflüsse welche gehäuft auftreten? Jetzt ist es Ihre Aufgabe, diese gezielt zu untersuchen! Sie stellen fest es gibt ein System hinter dem Auftreten dieser Einflüsse. Benutzen Sie dieses System zur Impulssteuerung.

Ein weiteres Beispiel für einen inneren Einfluss, ist das Produktkennenlernen. Immer dann, wenn der Kunde in der Phase des Kennenlernens Fragen hat müssen Sie ihm zur Seite stehen. Sie werden ihm mit der Produkterklärung und seinem vollen Nutzungsumfang beraten können. Dann werden Sie mit etwas Glück auch seinen Freunden, Geschäftspartnern oder Kunden vorgestellt werden.

Außer diesen erwähnten inneren Einflüssen gibt es auch äußere. Hierunter sind Einflüsse zu verstehen welche von außen auf das System Kunde-Produkt einwirkt. Hierzu zählen zum Beispiel: Veränderungen in der Gesetzgebung, Produktneuheiten auf dem Markt.

Auch hierfür möchte ich ein Beispiel wählen. Während meiner beruflichen Tätigkeit habe ich erfahren, es gibt drei Faktoren die Kunden dazu antreiben, sich nach einem neuen oder andern Produkt um zu sehen. Die 3 Beschleunigungsfaktoren sind, der Wunsch, der Bedarf und der Zwang. Hierbei gibt es unterschiedlichen Beschleunigungsdruck. Der Kunde, der den Wunsch nach Veränderung spürt, wird sich noch nicht mit großer Intensität von der Produktnutzenphase in Richtung Akquisitionsphase bewegen.

Dieser Interessent wird sich nach ersten Informationen erkundigen, aber er wird sich noch nicht wirklich in der Lage fühlen zu kaufen.

Der Kunde, der den Bedarf an Veränderung hat, unterliegt schon einem höheren Beschleunigungsdruck. Er wird sich sehr wahrscheinlich, nicht mehr nur mit dem akquirieren von potentiellen Partnern zufrieden geben. Er wird sich auch schon mit den näheren Bedingungen beschäftigen. Dieser Kunde wird sich relativ schnell im Kontinuum bewegen. Er wird sich sehr einfach, in die Informationsphase beschleunigen lassen.

Der Kunde der sich unter Zwang zu einer Veränderung befindet, unterliegt dem größten Beschleunigungsdruck. Dieser Kunde wird sich selber bis in die Verkaufsphase beschleunigen. Ein solcher Kunde hat Vorrang vor allen anderen. Hier ist nach der Akquirierung schneller Informationsfluss angesagt. Ihr Datenwarenhaus ist auf dem modernsten Stand? Dann wird sich der Verkäufer weiter um den Kunden kümmern.

Zu den Beschleunigungsfaktoren möchte ich ihnen, einige Beispiele aus der Baubranche erzählen, um diese Gesetzmäßigkeiten zu verdeutlichen.

Ein Kunde besitzt ein Haus. In seiner Nachbarschaft, wird ein neues Dach eingedeckt. Dieses geschieht mit der modernsten Technik. Dieser Kunde spricht mit dem Bauherren und der erzählt ihm, alles geschieht vollkommen stressfrei und er wird eine ganz tolle Eindeckung mit vorbildlichem Wärmewert erhalten. Vor allem passt das auch alles super zu seinem Hausensemble.

In unserem Kunden könnte der Wunsch nach Veränderung geweckt werden. Weil er selber auch ein Haus besitzt. Auch das Haus unseres Kunden ist noch mit der Ersteindeckung von vor duzenden Jahren ausgestattet. Wenn er nun dieses Haus gleichen Alters sieht und sich überlegt, wie es erstens schöner mit der Neueindeckung aussieht und zweitens mehr Wärmedämmung bietet, dann ist der Schritt zum Dachdecker, um sich Erkundigungen zur Wunscherfüllung einzuholen, nicht mehr fern.

Ein anderer Kunde hat ein ebenso altes Haus. Auch dieser sieht bei der Neueindeckung zu und unterhält sich mit dem Bauherrn. Dabei kommt es auch auf die Frage nach dem Warum. Der Bauherr und dieser Kunde stellen fest, der letzte Herbst mit seinen Stürmen verursachte Schadstellen. Die Versicherung würde auch zahlen, wenn es zu einer Reparatur käme. Natürlich würde die Versicherung noch nicht die gesamte Dacherneuerung bezahlen. Es gäbe aber Zuschüsse wegen der modernen Wärmedämmung, vielleicht auch anders woher. Dieser Kunde, der einen tatsächlichen Bedarf an einer Veränderung hat, der würde sich ganz gewiss nähere Informationen einholen.

Ein dritter Kunde der auch in dieser Gegend wohnt und zufällig zu diesem Gespräch hinzu stößt besitzt ebenso ein Haus mit einer solchen älteren Eindeckung und er hört sich genau dieses Gespräch an, weil bei ihm der Herbst mehr als nur kleine Schadstellen verursachte. Dieser Kunde wird, weil er im Zwang ist, sein Dach erneuern zu lassen, wohl mehr als nur Informationen einholen. Dieser Kunde wird sich bis hinein in das eigentliche Verkaufsgespräch begeben.

An diesem Beispiel erkenne Sie, die verschiedenen Kunden befinden sich an unterschiedlichen Stellen innerhalb ihres Kontinuums. Sie erhielten durch einen äußeren Einfluss Impulse. Diese lösten die Beschleunigung der Kunden aus. Genau jetzt an dieser Stelle müssen sie diesen Impuls nutzen. Die Kunden sind durch jenen Einfluss, der auf ihren derzeitigen Standort im Kontinuum einwirkte, in Bewegung gekommen. Nun ist es an Ihnen diese Bewegung durch Ihre eigenen Impulse genau zu steuern. Sie, liebe Leserschaft, werden an dieser Stelle ersehen, wie entscheidend es ist, Gesetzmäßigkeiten zu erkennen. Natürlich wird es immer Interessenten geben, die an einer Baustelle stehenbleiben. Es muss jetzt nur noch der Kunde zu Ihrem Datenwarenhaus hinzugefügt werden. Dieses erläuterte ich im Band 2 „Wege zum Kunden" aus der Reihe „Das Akquisitionshandbuch".

Stellen Sie darum auch eine Liste der äußeren Einflüsse auf, welche eine Reaktion (also einen inneren Einfluss) auf Ihre Kundschaft hervorruft. Auch bei den äußeren Einflüssen werden Sie eine Häufung ermitteln. Lassen sich diese Einflüsse voraussehen? Welchen Impuls lösen diese Einflüsse aus? Wohin bewegt sich die Kundschaft mit welcher Geschwindigkeit? Sobald Sie diese Schlussfolgerungen ermitteln, ergreifen Sie Maßnahmen! Die Kundschaft wird in Richtung Neukauf beschleunigt? Dann muss unbedingt die Akquisition für ein neues Kontinuum eingeleitet werden. Diese Gesetzmäßigkeit der Beschleunigungsfaktoren gibt es in jedem Verkaufskontinuum. Sie müssen die Gründe ermitteln wann diese Faktoren einen Impuls zur Beschleunigung hervorrufen. Wie in diesem Baustellenbeispiel, gibt es sicher auch dutzende Ereignisse in Ihrer Branche.

Nicht nur der eigentliche Akquisiteur muss das Verständnis der Kybernetik mitbringen.

Ihre Aufgabe im Kundenbetreuungsteam ist es Serviceleistungen auszuführen? Auch dann müssen Sie die Kundensteuerung verstehen. Sprechen Sie von der Qualität welche Ihre Produkte besitzen und welche Neuerungen bei der derzeitigen neuesten Generation vorhanden sind. Sprechen Sie von dem Nutzen welcher dem Kunden bei dieser neuen Generation zusätzlich zur Verfügung steht. Bei jedem Kundenkontakt muss der Mitarbeiter ein konkretes Ziel welches für ihn maßgeschneidert ist, abgesteckt werden. Der Servicemitarbeiter wird nicht alle Produkte oder Dienstleistungen des Unternehmens sofort parat zum Verkauf haben. Diese Aufgabe kann er nicht erfüllen. Sollten Sie der Inhaber des Unternehmens sein, müssen Sie dieses Verständnis aufbringen. Aber auch darauf achten, jeder Mitarbeiter muss bei der gezielten Steuerung des Kunden mitwirken.

Binden Sie alle Mitarbeiter beim Auffinden von Ereignissen ein, die einen Einfluss auf die Bewegungsrichtung der Beschleunigung des Kunden haben. Ermitteln Sie welche Kunden, oder noch besser ist es gleich eine Kundengruppe zu ermitteln, welche durch diesen Einfluss betroffen wird. Eine bestimmte Kundengruppe wird durch eine Änderung in der Gesetzgebung gezwungen Maßnahmen zu ergreifen. Die Einführung der Nichtrauchergesetze war solch eine Situation. Alle Gaststätten standen vor der Aufgabe eine Lösung herbeizuführen. Die öffentlichen Einrichtungen mussten eine Raucherinsel schaffen. Hersteller von hermetischen Raucherinseln in Gebäuden boten diese Lösung.

Eine aktive Kundenbetreuung dieser Hersteller ermittelte die exakte Zielgruppe.

Durch diesen äußeren Einfluss mit einer zeitlichen Zielsetzung verbunden führte zur Beschleunigung aller dieser Kunden. Auch hier lässt sich unser oben erwähntes Modell anwenden. Die Information über die Änderung des zukünftigen Istzustandes gelangt zu Ihnen, (die Messeinrichtung) Sie empfangen diese Information über die Entwicklungsrichtung. Nun führen die Steuerung durch. (Sie werden zum Kybernetiker). Aus der Information wissen Sie die Kundenbewegung hat das Ziel, Neukauf in spätestens so und so vielen Monaten. Sie leiten jetzt die folgenden Maßnahmen ein:

- Kundenakquisition

- Kundeninformation

- Verkaufsaktivität

- Produktion

- Kundenbetreuung für das „Neue"

Somit haben Sie den Istzustand erreicht. (Ihr Schiff ist wieder auf Kurs) Sie betreuen den Kunden weiterhin! (die Regelung). In der Kybernetik des Verkaufskontinuums gibt es eine hohe Anzahl von verschiedenen Einflüssen. Sie müssen darum auch verstehen, nicht alle Einflüsse können Sie im Voraus erkennen. Sollten Sie aber die Liste der Einflussstatistik mit dem Datenwarenhaus und dem Vorlagesystem verknüpfen, erreichen Sie Ihre Kundschaft gezielt schneller als jener Markt, der ohne diese Werkzeuge arbeitet.

Die Sympathie

In diesem Abschnitt möchte ich mit Ihnen folgende Frage untersuchen: „Welche Möglichkeit gibt es, bei einer Kundschaft mehr Sympathie zu gewinnen?"

Bei all dem bisher von mir hier geschriebenem ist noch nichts gesagt worden, zu dem Sympathieverhältnis Kunden / Verkäufer. Warum ist es so sehr wichtig sich damit zu beschäftigen? Ein Sprichwort sagt: „Liebe auf den ersten Blick" ein anderes „Der erste Eindruck täuscht nicht". Also ich glaube, es ist ungemein wichtig, in den ersten Sekunden ein Sympathieverhältnis zwischen Kunden und Verkäufer aufzubauen. Darum wollen wir einmal untersuchen wie sich ein solcher Sympathiefaktor ergibt. Liebe Verkäufer, versetzten Sie sich einmal in die Position Ihres Kunden. Wann verspüren Sie Sympathie für Ihr Gegenüber? Wie sollte er Sie ansprechen. Da ist eine Frage muss er Hochdeutsch oder darf er Dialekt sprechen? Wenn schon Dialekt, dann welchen? Eine weitere Frage ist, mit welchen Worten möchten Sie angesprochen werden? Aber kommt auch immer ein flotter Spruch gut an? Reicht nicht manches mit einem Lächeln vorgetragenes „Guten Tag" aus? Eines erreichen Sie auf jeden Fall, der Kunde reagiert auf irgendeine Weise darauf. Hier kann ich wieder das „Gesetz der Kundenantworten" bemühen. Eine ausführliche Behandlung zu diesem Thema finden Sie in meinem Buch: „Wege zum Kunden" der 2.Band aus der Reihe „Das Akquisitionshandbuch".

Schon jetzt werde Sie eine Filtrierung durchführen, nicht bewusst, sondern in Ihrem Unterbewusstsein wird die Kundschaft zugeordnet. Es ist jedoch eine Gesetzmäßigkeit, nicht alle Kunden sind gleichermaßen nett. Jeder Verkäufer wird von den echt netten Kunden berichten können. Von Menschen welche echt lieb sind und mit denen man einen Schwatz machen kann und denen der Verkäufer es nicht übel nimmt, wenn sie um eine Zugabe bitten.

Jeder von uns kennt diesen netten, ja den lieben Kunden, der welcher wirklich uns als Verkäufer und Mensch und Persönlichkeit so wie wir sind, liebt. Der unsere Stärken und Schwächen als eine Ganzheit unseres Seins akzeptiert.

Leider gibt es auch einen Teil Erdenbewohnern welche uns begegnen die leider jenes Gegenteil von unserem lieben Kunden sind.

Wie können Sie liebe Verkäuferschaft, die nun einmal davon lebt, etwas zu verkaufen, diesen Menschen trotzdem so gegenübertreten, glaubhaft Sympathie auszustrahlen und auch zu erhalten.

Über dieses Thema gibt es gewiss ganz viele verschieden Meinungen und auch ganz verschiedene Ansatzpunkte.

Generell möchte ich einmal davon ausgehen es gibt diesen Ansatz. Sie möchten mit diesem Kunden einen Deal eingehen. Wie wichtig ist Ihnen diese Kundschaft.

Ist sie wirklich nur unangenehm in ihrem Erscheinen oder auch als Geschäftspartner absolut unerträglich und schädlich an und für sich.

Es gibt ja immer mal wieder den Fall, eine Antipathie gibt es zwischen der Kundschaft und der Verkäuferschaft welche sich nicht auf das Produkt, sondern auf die Personen beziehen. Ein paar Beispiele? Bitte hier! Eine Frau welche sich in der Unterwäscheabteilung nur von einer Frau bedienen lassen möchte. Oder ein Mann der sein Auto prinzipiell nur bei einem Verkäufer kauft. Oder ein junger Kunde eher von einem jüngeren Verkäufer etwas kauft. Aber auch der ältere eher etwas von einem älteren Verkäufer beziehen möchte.

Aber es gibt auch tatsächlich den ollen Piesepampel!! Ist der auf Seiten des Verkäufers, wird er irgendwann seinen Beruf wechseln, anders sieht es aus wenn er auf Seiten des Käufers zu finden ist. Was machen Sie mit solch einer Kundschaft wenn sie unbedingt Ihr Produkt haben will, aber Sie persönlich beleidigt und dauernd ans Schienbein tritt?

Bis zu einer gewissen Grenze noch Nettigkeiten, danach einen höheren Preis. Das ist unsere Waffe, meine sehr geehrten Damen und Herren. Wir bestimmen den Preis!!! Lassen Sie sich nie dieses Instrument aus der Hand nehmen. Nicht über den Preis diskutieren, sondern über die Leistung. Natürlich ist jeder Verkäufer bereit einem netten Kunden mehr Leistung zu einem gewissen Preis zu bieten, als dem Piesepampel. Auf diese Weise kann Kundschaft reguliert werden.

Der Kunde „Gierig Nimmersatt" verlässt Sie, wenn er bei ihnen weniger Leistung erhält als woanders.

Also hier können wir darauf verzichten die Sympathie zu verbessern, wie beschrieben entweder, auf seine Forderungen nicht oder nur zu einem minimalen Teil eingehen. Oder Sie reagieren mit einer Antipathie welche er auch gerne seinen Geschäftsfreunden weiterempfehlen kann. Denn jene, welche ihn als Geschäftspartner schätzen sind mit hoher Wahrscheinlichkeit vom gleichen Kaliber und für uns ebenso verzichtbar. Ganz ehrlich, man muss nicht jeden als Kunden haben und, oder haben wollen. Wenn jemand zu Ihnen kommt, der sich abseits dessen benimmt was die Allgemeinheit als gut und nett bezeichnet, dann machen Sie von Ihrem Hausrecht Gebrauch und trennen Sie sich von ihm. Sie sollten wenn möglich ihm den Abgang aber mit Würde gestatten. Denn auch hier gilt „ man sieht sich im Leben immer wieder." Leider auch Sie, Ihn.

Dazu ist es erleichternd auch mal: "Nein danke" sagen zu können.

Wie diese geschieht damit, sollte es erwünscht sein, Sie sich eine Tür offen zu halten, betrachten wir weiter unten.

Bei ersterer Kundschaft liegt der Fall natürlich anders.

Wie jedem Menschen kann an einem Tag auch einmal etwas verquer laufen. Wen wundert es dann, wenn sich der Kunde an jemanden auslässt der ihn auch noch ungelegen kommt.

Natürlich kann dieses, genau Sie treffen. Sie schätzen somit jenen Kunden als Flegelig und ungehobelt ein. Dieses muss nicht immer und von Natur aus bei dieser Kundschaft so sein. Es gibt sicherlich auch Zeiten in welchen er besserer Laune ist. Jedoch kann es sein, dieser Kunde ist nun besonders empfindlich gegenüber bestimmten Situationen und dann immer reagiert er genauso.

Wenn nicht die Kundschaft an sich arbeitet dann versuchen wir diese Situation zu vermeiden. Ich selber weiß von einer Kundin, Sie möchte nur ungern angerufen werden. Sobald ich sie anrief reagierte Sie darauf aufgebracht. Auch gab sie stets nur Telefonnummern heraus, an Vertraute mit denen Sie, kommunizieren wollten. Diese rief Sie dann zurück. Verständlich, wie umständlich dieses Verfahren ist, wenn es etwas sehr wichtiges zu besprechen gilt, wie eine Terminabsprache oder deren Änderung. Aber wenn Sie als Verkäufer sich darauf einstellen, und wissen wenn Sie dieser Kundin ein Produkt verkaufen wollen, sollten Sie natürlich nicht mit ihr telefonieren, dann ist hier Kreativität gefragt. Genau dann können Sie bei dieser Kundin einen positiven Eindruck hinterlassen.

Genau nun sind wir auch angelangt was denn Sympathie ausmacht.

An erster Stelle möchte ich folgenden Ansatzpunkt darlegen. Sie benötigen mehr Kontakte, denn je mehr Kontakte Sie aufzubauen, also je intensiver und effektiver Sie akquirieren, desto mehr nette Kunden werden Sie auch finden.

Denn wenn Sie mehr Kunden habe, dann können Sie sich mehr nette Kunden aussuchen und diese vorrangig bedienen. Somit vermindere Sie die Gefahr allzu häufig mit unangenehmen Kunden in Kontakt zu kommen. In etwa nach dem Motto, da draußen gibt es ca. 7 Mrd. Menschen, mit denen Sie ins Geschäft kommen könnten, davon begegnen mir bestimmt mehr als die Hälfte mit Freundlich- und Höflichkeit, sprich sie respektieren mich als gleichwertigen Geschäftspartner. Dann macht auch das Verkaufen/Vermitteln Spaß. Natürlich ist die Rechnung nicht ganz von der Hand zu weisen wenn ich sage, ich verkaufe lieber in einer Zeiteinheit 3 Produkte an nette einfühlsame Kunden, als mit einem griesgrämigen und verschlossenen sowie unsympathischen Kunden zu kämpfen und nicht erfolgreich zu werden. Andererseits ist dieses eine rein statistische Überlegung welche rein mathematisch zwar logisch und verständlich ist, aber in der Realität leider nicht so stattfindet, denn was mache Sie, mit der Kundschaft die ins Ladengeschäft gelaufen kommt und Sie in dieser Zeit eben nicht Ihre netten Kunden bedienen können. Dann ist die Fähigkeit gefragt mit dieser Situation fertig zu werden. Im Folgenden möchte ich Ihnen einige Lösungen vorschlagen welche helfen könnten.

Ähnlich wie auf die Kundschaft äußere und innere Einflüsse ihre entsprechenden Impulse einwirken, strahlt die Verkäuferschaft in ihrer Einstellung nach außen aber auch nach innen. Die nach außen abstrahlende Einstellung umfasst eine Vielzahl von Aspekten.

Hierbei spielt das Erscheinen an und für sich eine wichtige Rolle. Sie sollten ordentlich gekleidet sein, eine ansprechende Frisur tragen, und angenehm riechen. Ebenso ist korrektes Sprechen, eine Form von Höflichkeit! Und die kann wiederum den Sympathiefaktor beeinflussen. Hierbei ist meiner Meinung nach nicht nur gemeint, es wird der richtige oder eben gar kein Dialekt gesprochen, sondern begegnen Sie der Kundschaft mit einem „Sie" oder aber wenn angebracht mit dem „Du". Bedenken Sie, viele Kunden finden selber auch den korrekten und respektvollen Gebrauch von Sprache äußerst sympathisch. Hier finden Sie das „Ping" wieder. Detaillierte Erklärungen dazu finden Sie in meinem Band 2 „Wege zum Kunden" aus der Reihe „Das Akquisitionshandbuch". Das Ping kommuniziert mit dem Gegenüber auf einer zusätzlichen Ebene. Neben dem gesprochenen Wort, der Geste oder Mimik werden Impulse ausgetauscht, welche zum einen den Wahrheitsgehalt dessen was erwartet wird mit dem tatsächliche erhaltenem verglichen. Sollte sich hieraus ein positiver Wert ergeben, dann sind Sie auf dem besten Weg Sympathie aufzubauen.

Deshalb sollten Sie sich beim Sprechen Mühe geben, weil dieses bedeutet, Ihre Gesprächspartner zu respektieren. Damit ist nicht gemeint, Sie müssen absolut fehlerlos sein. Nein, es bedeutet einfach, Sie sollten versuchen Fehler möglichst zu vermeiden, und sich einem Kunden gegenüber nicht gehen zu lassen. Aber auch, gemachte Fehler zu entschuldigen und einzugestehen.

Genau dieses macht nämlich auch sympathisch. Hierzu noch einige detaillierte Ausführungen.

Eben hatte ich die Frage nach dem Du oder Sie im Kunden/Verkäuferverhältnis gestellt. In mehreren Diskussionen unter Verkäufern wurden sehr verschiedene Informationen angesprochen. Eines ist klar, es gibt dafür sicherlich nicht unbedingt eine Patentlösung. Erstens hängt dieses von der Produktbranche ab. Aber unabhängig von der Branche wird in der Geschäftswelt üblicherweise solange gesiezt bis ein gewisses Vertrauensverhältnis (das Sympathieverhältnis) aufgebaut wurde. Wenn der Kunde irgendwann zum Du übergeht, dann sollte der Verkäufer auch folgen. Wenn nicht dann kann sich der Kunde verletzt fühlen und es geschieht schnell, der Sympathiefaktor fällt in den Keller. Ob ein erfolgreicher Abschluss dann noch möglich ist??? Sicherlich nicht. Aber wir sollen uns doch immer vor Augen halten, der Kunde der uns das Du anbietet hat ein bestimmtes Anliegen welches er damit verfolgt. Natürlich ist einem intelligenten Kunden auch daran gelegen, ein harmonisches Verhältnis zu „seinem" Verkäufer aufzubauen. Wie dieses sich ausdrückt kann sehr unterschiedlich und je nach Temperament verschieden sein.

Aber wir schauen uns einmal bei unseren Nachbarn um. Also zu unseren nördlichen Nachbarn. Die skandinavischen Sprachen kennen z.B. kein Sie. Daher duzt man sich zwangsläufig und spricht sein Gegenüber immer auch gleich per Vornamen an.

Ein "Herr Svensson" - vergleichbar im Englischen der Anrede von "Sir, Mr. Smith" ist in den nördlichen Ländern undenkbar. Zumeist übernehmen die Skandinavier dies auch ins Deutsche. Speziell die Dänen, von denen sehr viele gut Deutsch sprechen, praktizieren das ihnen bekannte DU durchgehend und ignorieren das deutsche SIE einfach. Deutschsprechende Amerikaner (auch so etwas gibt es gelegentlich) haben umgekehrt das Problem DU und Sie nicht trennen zu können. Daher Siezen sie sicherheitshalber. Gehen wir einmal weiter südlich. Franzosen und Italiener hingegen praktizieren das förmliche "Vous" und "Lei" - wobei aber die jüngeren Franzosen auch im Geschäftsleben immer häufiger schnell zum DU (tu) übergehen. Im Spanischen gibt es gleichwohl wie im Deutschen ein DU (Tu) und ein SIE (Usted). Allerdings ist das förmliche Usted im täglichen Umgang nicht gebräuchlich, wird sogar teils als Beleidigung aufgefasst. Auch bei Geschäftsleuten ist man fast immer sofort beim DU und dem Vornamen. Wie nun ist es aber in Deutschland? Wie in so vielen Dingen tun wir uns auch hierin viel schwerer als unsere Nachbarn.

Es wird jeder von Ihnen, liebe Leser, mir zustimmen, wenn ich hier behaupte einem 18jährigen Käufer fällt es schwerer zu einem 45jährigen Verkäufer Du zu sagen als zu einem 18-20 jährigen. Dieses hat sicher damit zu tun die Jugend unter sich greift eher zum Du. Aber mit wachsendem Alter nimmt siezen zu. Welche Punkte führen vom „Sie" zum „Du"? Dieses hängt davon ab, wie verbunden sich Leute untereinander fühlen.

Wenn 2 oder mehrere Leute sich verbunden fühlen dann meistens wenn sie die gleichen Interessen, ein nahezu gleiches Alter haben, sich miteinander auf einem Niveau fühlen oder einfach nur mit dazugehören möchten. Dann wird es ein kleiner Schritt zum „Du" sein.

Wie aber halten Sie es im Geschäftlichen? Im Zuge der "New Economy" galt das SIE vor ein paar Jahren schon mal als tot, jeder in der Firma duzte jeden und auch Kunden waren davon zumeist nicht ausgeklammert. Nun gut, die "New Economy" ist mittlerweile Geschichte, man besinnt sich eher wieder auf alte Tugenden. Gehört das SIE auch dazu? Ganz gewiss in den betreffenden Branchen.

Prinzipiell handhabe ich es so erst einmal werden alle Kunden gesiezt. Wenn der Kunde zum Du über geht, folge ich ihm darin. Natürlich mache ich es dem Kunden der mir sympathisch ist auch nicht besonders schwer diesen Schritt zu gehen. Nicht zu vergessen, ein Verkauf an Kundschaft welche einen hohen Sympathiefaktor haben ist um vieles leichter als an Kunden zu verkaufen welche uns weniger sympathisch sind. Denken Sie an bereits oben erwähntes „Ping". Hier finden Sie ein Beispiel, welche Rolle dieses Ping spielt. Auf nonverbaler Ebene fließen Impulse welche im Unterbewusstsein in Informationen umgewandelt werden. Sind diese angenehm, werden Barrieren geöffnet und Sympathien werden geweckt. Nun sind wir bei einem Punkt angekommen der von mir so schön Sympathiefaktor genannt wird.

Es soll heißen die Sympathie zwischen Kundschaft und Verkäuferschaft ist geweckt. Benutzen Sie das 'Sie', wenn Sie nicht wissen, wie Ihr Gegenüber ein 'Du' bewertet. Sie möchten doch auch respektiert werden und nicht als jemand ohne Manieren da stehen. Sollte der Kunde auf das „ Du" übergehen, dann ist es ratsam auch auf das „Du" zurückzugreifen. Denn im Verkauf ist es ja wichtig, die Chemie muss stimmen. Dieser Ausspruch ist auch nicht weit hergeholt. Erwiesen ist, die von mir beschriebene Impulse im Unterbewusstsein, lösen im Gehirn Prozesse aus, welche unter anderem Hormone ausschütten. Am Bekanntesten ist das Glückshormon, welches durch Lob produziert wird. Genau dieser Prozess basiert auf chemischem Wege.

Wenn dem Kunden es angenehmer ist, wenn er sich mit dem Verkäufer duzt, nun warum sollten Sie es ihm schwerer machen als nötig. Immerhin haben wir alle doch schon einmal erlebt, Sie müssen sich zwischen 2 Produkten entscheiden. Neben dem Produktvorteil oder Preis machten Sie sich auch darüber Gedanken: „mit wem bin ich vertrauter"? Wer von den Verkäufern wird mich im weiteren Verlauf des Verkaufskontinuums gut behandeln. Genau dann, wenn Sie ein Problem haben. Diese Überlegung führt dazu, der Sympathiefaktor kommt ins Spiel. Na und wenn Sie sich mit jemandem duzen, dann haben Sie ein vertrauteres Verhältnis als mit jemandem den Sie siezen. Neben der Frage nach dem Du oder Sie, wollen wir das Thema Dialekt oder Hochdeutsch zu sprechen behandeln. Hierzu möchte ich Ihnen folgende Gedanken darlegen.

Es ist ein Zeichen von Respekt, sich zu bemühen verstanden zu werden und die Grundvoraussetzung überhaupt, um einen Geschäftsabschluss zu schaffen. Wie soll der Gegenüber sich mit Ihnen und Ihrem Produkt vertraut machen, wenn er Sie schon nur sehr schwer versteht. Versetzen Sie sich in folgende Situation! Stört es Sie, wenn Sie Kunde sind, und Sie von einem Verkäufer mit Dialekt angesprochen werden? Es liegt sehr nahe einen ungewollten reflexartigen Gedankenkonstrukt entstehen zu lassen, der in etwa so abläuft: aha Dialekt, stark ausgeprägt, so was respektloses, denn er spricht mit mir kein Hochdeutsch, versteht der/die mich überhaupt? Ja, und hier ist nicht gemeint, ob der andere mich linguistisch versteht, sondern ob es in seinem Kopf auch richtig abläuft. Denn hier schließt sich der Kreis zur Sympathie, es liegt eben keine Gleichheit vor. Diese ist aber Grundvoraussetzung für Sympathie.

Aber auch genau da liegt natürlich der Ansatzpunkt für die Dialektsprecher in die Bresche zu springen.

Ich habe festgestellt, Dialekte zu sprechen verbinden auch. Da wird dann der eine oder andere Geschäftsabschluss auch mal am Tresen getätigt. Da funktioniert das mit dem Dialekt ganz gut. Hier findet eine Gemeinsamkeit statt, es wird der gleiche Dialekt gesprochen. Somit sollte, wenn Dialekt gesprochen wird, dann aber auch nur der Richtige. Auch eine Erkenntnis steht fest, die Sympathie wird in den ersten 3 sek., schon zu einem großen Teil festgelegt. Stellen Sie sich doch mal vor, ein Vorwerkvertreter klingelt an Ihrer Tür.

Sie öffnen die Tür und draußen steht Pamela Andersson oder Markus Schenkenberg. Ich wette, dass mindestens 90 % der Leute diese 2 in die Wohnung lassen und sich diesen Staubsauger zumindest vorführen lassen, selbst wenn sie gerade erst einen neuen Staubsauger gekauft haben. Wenn dann noch ein freundliches, fachlich sehr gutes Verkaufsgespräch stattfindet, wird der Staubsauger auch noch gekauft.

Wie schon geschrieben, nachweislich sind die ersten 3 Sekunden entscheidend, wenn Menschen aufeinander treffen. 3 Sekunden sind schnell vorbei und dieses ist genau die Zeit in der wir das optische Erscheinungsbild abchecken und entscheiden, ob wir mehr über diese Person erfahren wollen oder nicht. Wenn die 1. Hürde dann genommen ist, geht es zum verbalen Teil. Da liegt es nahe auch zu überlegen ob Sie reden und wie. Natürlich können Sie einen Meldetext in hochdeutscher Sprache abgeben und danach immer noch in Dialekt wechseln. Anrufer aus Gegenden mit Dialekt melden sich mir gegenüber zumeist auf Hochdeutsch, ein weiteres Indiz für das Hochdeutsche. Jedoch gibt es auch Situationen in denen die Erklärung eines Verkaufssubjektes in Dialekt gesprochen für die Kundschaft leichter verständlich ist. Als Verkäufer kommt es darauf an genau jene Situation zu erfassen, die Hochdeutsch oder Dialekt benötigt. Aus meiner Erkenntnis gibt es kein Allheilmittel für alle Situationen.

Ein vollkommen anderes Thema ist Slang zu sprechen. Ich meine hiermit eben gerade falsche oder falsch ausgesprochene Laute.

Ein klassischer Fall ist das Lispeln. Viele Kunden finden lispeln ist nur selten charmant. Ausgeprägte "s"-Fehler minimieren den Eindruck sich für den Kunden zu bemühen. Ebenso sieht es aus bei der Angelegenheit des Nichtbeherrschens des 3. Falles, (Mit die Kinder). Solch eine Aussprache kann korrigiert werden, muss korrigiert werden, denn sie stößt bei großen Teilen unserer Kundschaft auf Antipathie. Hier sind wir angelangt warum uns Kunden unsympathisch erscheinen. Sollte es sein, die Verkäuferschaft in Ihrem Team wirkt auf Ihre Kundschaft unsympathisch? Dann bewirken Sie im Team an einer Änderung der nach außen abstrahlenden Einstellung. Werte Verkäuferschaft, sollte Ihr Team an Sie mit dieser Bitte an Sie herantreten, dann arbeiten Sie an Ihren Fehlern, oder verändern Sie ihren Beruf und lassen Sie es zukünftig sein, sich mit dem Verkaufen zu beschäftigen. Wie sollen Sie sich ändern? Nun dazu lesen Sie hier weiter. An dieser Stelle ist es ganz hilfreich, den Begriffen ein wenig auf den Grund zu gehen. Der Begriff der "Sympathie" hat seinen Ursprung im Griechischen und bedeutet so viel wie Mitgefühl. Werden Sie zu einem Sympathikus, einem mitleidenden oder mitempfindenden. Das Wissen um diesen Umstand und ein wirkliches Interesse an den ermittelten Bedürfnissen des Kunden wäre hier der entscheidende Unterschied.

Nun ja, wenn Ihre Verkaufstätigkeit eben diese Hilfestellung in Sachen richtiger Entscheidung ist, dann besteht da kein Problem. Der Sympathikus ist ein Menschenfreund, er hilft dabei mit kompetentem Wissen wenn Entscheidungen zu treffen sind.

Ein weiterer wichtiger Punkt um sympathisch zu sein ist der innere Antrieb. Dabei sollten Sie auf Authentizität achten! Laut Duden: Authentizität [Au•then•ti•zi'tät] die; -, Mz. Echtheit, Glaubwürdigkeit, Zuverlässigkeit, Menschenliebe und Achtung vor dem Gegenüber, dieses macht Menschen sympathisch. Jenes stetig ständig blendenweise, zähnezeigende strahlende Verkäuferlächeln ist es ganz und gar nicht. Es ist nur jenes echte Auftreten. Um positiv authentisch zu sein, müssen Sie aber Ihre Defizite kennen und diese bearbeiten. An dieser Stelle eine Weisheit: „Wollen Sie die Welt verändern, fangen Sie mit dem Menschen an der Ihnen am Nächsten steht - mit sich selbst!" Darin liegt der Schlüssel zum Sympathie-Faktor. Es ist Ihre innere Einstellung die dazu führt! Darum überspielen Sie nichts mit einer Maske.

Ihr Umfeld ändert sich! Nicht die Anderen müssen sich anpassen, sondern Sie müssen reagieren. Werden Sie an dieser Stelle der Kybernetiker der die Steuerung des Systems übernimmt. Untersuchen wir einmal das System Kunde/Verkäuferschaft. Stellen Sie sich wirklich auf die Kundschaft ein? Wer ist denn in diesem Duo Kundschaft/Verkäuferschaft der Verursacher dafür, sollte eine Kundschaft unsympathisch sein? Die Kundschaft? Jene doch wohl eher nicht, denn sie verhält sich so, wie immer.

Und in ihrem normalen Umfeld wird sie vielleicht auch als nett und sympathisch angesehen, weil dieses Umfeld die Kundschaft ja nur so kennt. Oder ist die Verkäuferschaft die Verursacherin?

Ein Verkäufer hat aufgrund seiner Tätigkeit viele Kundenkontakte. Dieses führt natürlich instinktiv zum Vergleichen und dabei schneiden einige Kunden besser ab als andere. Letztere werden dann von ihm als unsympathisch eingestuft. Und dann greift sehr schnell das Sender-Empfänger-Prinzip. Das Ping und Re-Ping erzeugen Dissonanzen welche besagten chemischen Prozesse in Gang setzen. Diese wiederum erzeugen eine Signalwirkung. Diese signalisiert dem Kunden durch Verhalten, Gestik, Wortwahl, Betonung, etc. "Du bist mir unsympathisch".

Der Kunde empfängt dieses Signal und sendet es ungefiltert (z.T. auch noch verstärkt) an den Verkäufer zurück: "Dem passt meine Nase nicht! Der will wohl nichts verkaufen!" Eine Sympathie nun wieder herzustellen ist dann schwer möglich. Die Kundschaft wurde durch diesen äußeren Einfluss in ihrem neuen Kontinuum aus der Akquisitionsphase zurückgeworfen in die Produktnutzungsphase des vorherigen Kontinuums. Diese Kundschaft bleibt jedoch empfänglich für Impulse. Jedoch besteht eine Immunisierung gegen Ihre Impulse. Für Sie wird diese Kundschaft nicht mehr erreichbar sein. Andere hingegen können bei Sympathie ein leichtes Spiel haben. Diese Situation wollen Sie bestimmt nicht eintreten lassen.

Darum ist es wichtig, immer wenn Sie in die Situation kommen, etwas gefällt Ihnen an einem Kunden nicht, suchen Sie genau jenes Etwas an ihm, welches auf Sie positiv wirkt.

Es kann die gute Kleidung sein, eine modische Brille oder auch einfach nur jene Entscheidung, mit der Anforderung zu Ihnen gekommen zu sein, weil von Ihnen erwartet wird perfekt beraten zu werden. Es hilft, eine positive Atmosphäre zu schaffen! Genau damit können Sie die Sympathie des Kunden gewinnen.

Seien Sie sich Ihrer eigenen Stärke bewusst, und verinnerlichen Sie sich dieser. Sie wissen, was Sie alle anderen Mitbewerber Voraus haben? Sie selbst oder Ihr Unternehmen sind so einzigartig, wie Sie selbst es Sind. Dann denken Sie in kritischen Situationen daran, denn ein Mensch der "in sich ruht", sich seiner Qualitäten bewusst ist, der sich selbst liebt (!!! darauf kommt es besonders an!!!) - dem gelingt es auch - diesen Funken beim Gegenüber zu zünden. Dieses hat nichts mit Manipulation zu tun. Eher mit positiver Energie - die der potentielle Kunde mit dem Kauf - zusammen einkaufen will. Sie werden es schwer haben die Kundschaft am Kauf zu hindern (aber dieses will hier ja wohl auch niemand) aber ich habe schnell festgestellt, Ehrlichkeit und das Eingehen und Verstehen der individuellen Bedürfnisse und Anliegen ist wichtig. Aktiv zuhören, sich selber öffnen und auch etwas von sich selber und privatem preisgeben. Diesen Schritt sich selber zu verkaufen, weil Sie es ehrlich meinen, können Sie nur, wenn Sie mit sich im Reinen sind.

Dann gelingt es Ihnen nett und sicher auch sympathisch auf Ihre Gegenüber zuzugehen.

Sprechen Sie die Kundschaft damit an, sie wird sehen, Sie sind der gesuchte Menschenfreund. Wenn SIE Ihre Kundschaft als Mensch und Individuum ansehen, mit allen Stärken und Schwächen und dieses entsprechend ausstrahlen, dann erscheint Ihnen auch der unfreundlichste Kunde plötzlich in einem ganz anderen Licht.

Trotz aller Anstrengungen und stärkster Bemühungen, nicht immer gelingt dieses, ich muss zugeben, es gibt auch Kunden welche mit noch so viel gutem Willen nicht sympathisch sind. Dann versuchen Sie durch das Produkt und die Fähigkeit dessen, Vorteile dem Kunden zu offerieren, denn es gibt die Synergie, wenn der Kunde Ihr Produkt für sich selber mit einem großen Nutzenfaktor sieht, dann überträgt dieses Sympathien, welche der Kunde eigentlich Ihrem Produkt gegenüber gewonnen hat, dann auch auf Sie. Natürlich ist in Wirklichkeit Ihr Können gefragt der Kundschaft genau die von ihr geforderten Nutzenaspekte vorzutragen. Sie müssen unbedingt Ihr Produktwissen an die Kundschaft zubringen. Wenn Sie es schaffen, der Kunde empfindet daran Spaß oder kann sich vorstellen er hat an ihrem Produkt Spaß, dann haben Sie die Produktsympathie des Kunden auch auf sich übertragen.

Wichtig ist auch, wie in jeder anderen Beziehung, die Kundschaft bekommt nicht das Gefühl in eine ihr unangenehme Situation, oder Lage gedrängt zu werden. Wenn der überhebliche Kunde glaubt auf dem Podest zu stehen und allwissend daher kommt, dann lassen Sie ihn dort.

Er wird nicht bei Ihnen kaufen wenn Sie aufzeigen wie falsch er liegt. Zeigen Sie ihm wenn er Recht in seiner Meinung hat, und übergehen Sie diese wenn er Unrecht hat. Vermeiden Sie jedoch sein Unrecht zu beweisen.

Vielleicht helfen Ihnen folgende Sprüche, die Sie sich aufschreiben und immer wieder durchlesen sollten. " Ein Mensch zog aus um die Welt zu ändern und es änderte sich nichts, er kam wieder zurück und änderte sich selbst und siehe da, es änderte sich die Welt!" So z.B. gilt ein Sprichwort heute noch wie morgen:" Freundlichkeit kosten nichts, macht sich aber immer bezahlt."

Kann es sein ihre Kundschaft ist nicht Ihnen sondern Ihrem Produkt gegenüber, nicht mehr positiv eingestellt? Deshalb tritt sie Ihnen gegenüber nicht mehr sympathisch auf?

Stellen Sie sich, auch wenn es schwer fällt, solidarisch mit dem Kunden. In etwa so: ,,Bitte entschuldigen Sie diesen Umstand." ,,Wie konnte das nur passieren...?" ,,Wie gut' Sie bemerkten den Fehler so schnell, und kamen damit zu mir" , ,,Ich weiß, wie wichtig unser Produkt für Sie ist..." ,,Vielen Dank für Ihre Aufrichtigkeit" „Was können wir für Sie nun tun?", ,,Wie lösen wir nach Ihrer Meinung diese Situation jetzt...?" ,,Haben Sie Vorschläge?" , ,,Darf ich Ihnen einen Vorschlag zur Lösung machen...?" ,,Kommen Sie, wir setzen uns hin und besprechen alles in Ruhe..." Sie werden sehen, die Kundschaft die von Ihnen bei solch einer Problemsituation gut beraten wurde, wird auch ihre Sympathie an Ihnen wiederentdecken.

Wenn Sie dann dieses nutzen und ausbauen, haben Sie einen glücklichen und sympathischen Kunden.

An dieser Stelle möchte ich auf die Kybernetische Sichtweise der Sympathieerlangung eingehen

Bei dem Thema Sympathieerlangung gibt es aber noch ein weiteres Kriterium. Wenn Sie die Sympathie eines anderen erlangen wollen, sollten Sie auch Sympathie und Verständnis ausstrahlen. Ich behandele in diesem Band auch das Thema Kybernetik. Die Kybernetik behandelt das Gebiet der Steuerung von Prozessen. Hier in diesem zu behandelnden Thema der Sympathieerlangung und der Sympathieerhöhung greifen genau solche Mechanismen. Bitte liebe Verkäuferschaft, wenn Sie in Ihrem Datenwarenhaus nun neue Datensätze erhalten, welche Ihnen von der Akquisiteurschaft eingegeben wurde mit dem Hinweis, die Kundschaft ist noch nicht vollständig am Ende ihres derzeitigen Verkaufskontinuums angekommen, dann haben Sie dafür Verständnis, diese Kundschaft wird jetzt nicht kaufen! Diese Kundschaft möchte durch Ihre Fähigkeit erst zum Kauf hinbegleitet werden.

In der Kybernetik gibt es immer einen Prozessablauf. Dieser folgt normalerweise einer strengen Vorgabe von Kenndaten. Erst wenn es von diesen Abweichungen gibt, welche durch innere oder äußere Impulse beeinflusst wurde, muss der Kybernetiker in Aktion treten. Sein Sie der Kybernetiker in diesem Verkaufsprozess. Selbstverständlich verstehen Sie nun die Positionierung dieser Kundschaft im Verkaufskontinuum.

Für Sie läuft der zu steuernde Prozess nun routinemäßig ab. Ihre kybernetische Aufgabenstellung ist klar vorgegeben. Sie wissen wie der Kunde durch Sie und Ihr Unternehmen weiterbegleitet wird, bis hin zum Kauf eines neuen Produktes oder einer neuen Dienstleistung von Ihnen. Genauso verhält es sich auch mit einem Kunden, dem Sie irgendwo begegnen. Eine Kundschaft welche in Ihren Showroom gelaufen kommt, muss nicht zwingend in ihrem derzeitigen Kontinuum am Ende stehen. Darum analysieren Sie diese Situation. Mehrfach habe ich die verschiedenen Phasen im Verkaufskontinuum erwähnt. Vergessen Sie jetzt in diesem Moment Ihre Funktion als Verkäufer. Jetzt müssen Sie der Akquisiteur sein. Erfassen Sie die Position der Kundschaft im derzeitigen Kontinuum und nehmen Sie die Daten auf.

Erlernen Sie die Situation zu steuern! Von einem Kollegen habe ich erfahren. Genau in dieser Situation sind 90% der Verkäufer überfordert. Sie schätzen die Position der Kundschaft, in dessen derzeitigen Kontinuum falsch ein. Ja es fehlt neben der Information über den Standort, auch die über Geschwindigkeit und Bewegungsrichtung mit der sich die Kundschaft bewegt. Erlernen Sie die Erkennung der oben erwähnen Koordinaten des Kunden im Kontinuum! Eine Möglichkeit besteht darin Ihre eigenen Bestandkunden diesbezüglich zu überprüfen. Ermitteln sie doch den Standort Ihres allerersten Kunden in seinem derzeitigen Kontinuum!

Danach alle weiteren. Werden Sie des Kunden Metamorph und wandeln ihn von arm zu reich! Hierbei muss nicht immer nur der materielle Wert gemeint sein. Unter reich verstehen viele etwas anderes. Aber bleiben wir einmal bei der materiellen Form und dort auch noch bei dem. Machen Sie den Kunden der bei seiner Kaufabsicht diesen Wunsch äußert glücklich in dem Sie eben in den Kauf einen Auszahlbetrag rechnen. Sie stellen fest es ergibt sich eine Abweichung von der Normalität! Aus kybernetischer Sichtweise ist jetzt die Schlussfolgerung? Genau, Sie ändern die Systemparametern und passen diese an. Nicht den Menschen passen Sie an das System an sondern jenes System an den Menschen. Ein weiterer Aspekt ist zu beachten. Die Kundschaft von heute ist selbstbewusster geworden. Nicht zuletzt durch die politische Gesetzgebung die es positiv vermochte Kunden vor betrügerischen Verkäufern zu schützen. Jedoch vermag diese Kundschaft es nicht ihre eigentliche Hilfsbedürftigkeit auszudrücken. Sie scheuen sich davor, sich zu öffnen und zu offenbaren, wo ihr eigentlicher Bedarf liegt. Hierdurch wird es für den Akquisiteur und später auch dem Verkäufer, ungleich schwerer Kunden vollständig zufriedenstellend zu bedienen. Diese Herausforderung zu meistern und die Kundschaft behutsam aber systematisch zu betreuen ist die Aufgabensteller unserer Zeit.

Weil Sie durch die Lektüre der 3 Bände des „Akquisitionshandbuches" mehr Wissen haben, können Sie Ihrer Kundschaft ein Mehr an Betreuung zukommen lassen.

Wenn dieses Mehr auch durch die Kundschaft erkannt wird haben Sie einen weiteren Schritt zur Steigerung der Sympathie getan.

Wandeln Sie den Kunden, zu einem an Glück reichen Kunden. Steuern Sie die Informationsphase so, damit Sie die Informationen erhalten welchen Bedarf die Kundschaft unbedingt mit dem neuen Produkt gedeckt bekommen möchte. Erfüllen Sie diesen Bedarf und bringen Sie es der Kundschaft gegenüber zum Ausdruck sein Bedarf ist Ihnen Wunsch der zu erfüllen ist. Verdeutlichen Sie es macht Sie glücklich wenn sie der Kundschaft Wünsche erfüllen können. Lassen Sie die Kundschaft bei der Wunscherfüllung schwelgen. Sie werden erleben, die Sympathien zwischen den Beteiligten sind in diesem Moment fast grenzenlos.

Alle Bemühungen und Anstrengungen der Verkäuferschaft, Sympathie vom Kunden zu erhalten sind ohne Nutzen, wenn diese nicht erkennt: „Die Verkäuferschaft muss in der Lage sein, die Kundenwünsche zu ermitteln und dann diese auch zu erfüllen!" Wenn Sie diese Voraussetzungen in die Kundenbetreuung mitbringen, wird es Ihnen auch gelingen die Kundschaft glücklich zu machen. Oder anders gesagt, Sie werden die Kundschaft reich an Glück machen!

Wie an jeder Stelle des Kontinuums, müssen Sie sich immer vergegenwärtigen, wenn sich 2 begegnen dann gibt es ein 3. zwischen diesen.

Diese Gesetzmäßigkeit besteht nicht nur bei der ersten Begegnung. Dieses besteht fortwähren.

Über diese Ebene, welche im nonverbalen Bereich besteht, schrieb ich bereits ausführlich. Lesen Sie dazu bitte im Band 2 „Wege zum Kunden" aus der Reihe „Das Akquisitionshandbuch" die Abschnitte welche ich über das Ping und seine Anwendung schrieb. Zusätzlich möchte ich an dieser Stelle hinzufügen. Auf dieser Ebene wird jene von Ihnen ausgestrahlte Energie, wieder zu Ihnen zurückkehren! Seien Sie darum bedacht welche Energien Sie ausstrahlen! Negative Einstellungen Ihrerseits der Kundschaft gegenüber, wird von dieser auch so erfasst. Weil diese Energie auch gleichzeitig ein äußerer Einfluss ist. Diese erzeugt einen Impuls auf jenes Kontinuum der Kundschaft. Ein negativer Impuls bewirkt eine negative Bewegungsrichtung der Kundschaft im Kontinuum. Wir verspüren die Kundschaft entfernt sich vom möglichen Eintritt in ein neues Kontinuum. Auf Sie kommt diesbezüglich ein negativer Impuls, auf Grund der Bewegungsrichtung der Kundschaft im Kontinuum, zurück.

Strahlen Sie doch einfach positive Energie aus! Geben Sie immer dieses Ideal an Ihre Kundschaft weiter! Dieses wird Ihre Kundschaft erfassen und in eine positive Bewegungsrichtung innerhalb des Verkaufskontinuums, durch jenen Impuls versetzen. Hernach nähert sich Ihre Kundschaft dem neuen Kontinuum, in dem Sie wieder verkaufen werden!

Natürlich wird in der Realität die finanzielle Situation verhindern allen Bedarf zu erfüllen.

Bringen Sie den Kunden aber zu mindestens ein Stück auf seinem Weg, zum Reichtum weiter.

Die Produktnutzenphase

Liebe Leserschaft, Sie lernten in der Reihe „Das Akquisitionshandbuch" detailliiert alle Abschnitte, Phasen und Sektionen im Verkaufskontinuum kennen. Dieses Kennenlernen ist Grundlage, damit Sie verstehen welche Aufgaben Sie ausführen müssen um Ihre Kundschaft gewissenhaft betreuen zu können. Für jede Phase im Verkaufskontinuum gibt es darum auch unterschiedliche Betätigungsfelder. So wird der Akquisiteur, der Informationsgeber, die Verkäuferschaft, die Herstellung des Produktes und das Team für Service und Kundenbetreuung benötigt, um die Kundschaft vom Kauf zum Wiederkauf betreuen zu können.

Im Verkaufskontinuum betrachteten wir den Ablauf dieses Systems aus Sicht des Lieferanten. Sie lasen welche Aufgaben SIE ausführen mussten. Ihre Aufgaben waren es, die richtigen Impulse zur Bewegungsgeschwindigkeit und Bewegungsrichtung des Kunden im Kontinuum zu geben und diese zeitlich zu steuern.

Dieser Steuerungsprozess kann immer nur in Gemeinsamkeit zwischen Ihnen und Ihrer Kundschaft ordnungsgemäß stattfinden. Darum ist es selbstverständlich, Sie halten Kontakt zur Kundschaft. Sie erhalten dadurch aktuelle Informationen zum Standort des Kunden im Kontinuum. Darauf bauen Sie Ihre Betreuung auf!

Wie verhält sich aber die Sicht des Kunden auf sein Kontinuum? Hierbei handelt es sich um ein Kaufkontinuum.

Verständlich ist dabei eines, wissenschaftlich betrachtet, so wie Sie es durch dieses Buch können, wird es die Kundschaft nicht handhaben. Aber die Kundschaft hat ein Gefühl dafür wann ihr Kaufkontinuum abgeschlossen wird und ein neues beginnen soll. In der Kundschaft reift der Wunsch, Bedarf oder es entsteht der Zwang zum neuen Kontinuum. Daraufhin ist die Kundschaft empfänglicher für Impulse welche zur Bewegungsgeschwindigkeit der Kundschaft im Kontinuum beträgt. Bevor nicht der Wunsch, Bedarf oder Zwang zu einer Veränderung besteht, gibt es nur eine eingeschränkte und minimierte Empfänglichkeit der Impulse. Betrachten wir einmal gemeinsam welche Aktivitäten Sie durchführen sollten, sobald Sie mit Kundschaft sprechen welche sich in der Produktnutzenphase befindet. Vorab jedoch besprechen wir die Situation, wie Sie zu diesem Gespräch überhaupt kommen.

Bedenken Sie bitte, jede Kundschaft die für Sie von Interesse in Bezug auf einen späteren Verkauf ist, befindet sich in diesem Moment irgendwo in ihrem derzeitigen Verkaufskontinuum. Wenn über einem späteren Verkauf gesprochen wird, dann ist damit auch ein zeitlich naher Punkt vorstellbar. Jedoch genau an dieser Stelle, der Begegnung Kundschaft mit der Akquiseurschaft findet ein Entwicklungsprozess seinen Ursprung im Kennenlernen (akquirieren)! Erst danach wird die Partnerschaft aus Kundschaft und Verkäuferschaft entstehen.

Betrachten wir darum einmal folgende Konstellation. Die Kundschaft besitzt bereits ein Produkt oder eine Dienstleistung aus Ihrem Haus. Dann befindet sich diese Kundschaft im Kontinuum an der Stelle der Produktnutzung.

Wie weit ist aber dieser Prozess vorangeschritten? Um dieses zu beurteilen betrachten wir einmal die Sektoren welche sich in der Phase der Produktnutzung innerhalb des Verkaufskontinuums befinden.

1. Produktkennenlernen

2. Produktgenuss

3. Produktgewohnheit

4. Produkterschöpfung

5. Produkterneuerung

Hieraus lässt sich die Phase der Produktnutzung von dem Moment des Produkterhaltens bis zur Produktabgabe in 5 Sektoren unterteilen. In jedem dieser Sektoren ist die Kundschaft in einem anderen Verhältnis zum Produkt. Hierbei finden im Allgemeinen schleichende und fast unmerkliche Übergänge statt. Natürlich kann bei einem plötzlichen Produktausfall ein sofortiges Ende der Produktnutzenphase für dieses Produkt eintreten. Dann müssen Sie für Ihre Kundschaft die Nr. 1 als Ansprechpartner sein. Diese Situation behandelten wir jedoch schon an anderer Stelle.

Im Folgenden betrachten wir welche Aufgaben Sie haben um die Kundschaft innerhalb der Produktnutzenphase zu betreuen und bis hin zum neuen Kontinuum zu begleiten. Hierbei ist es unabhängig ob die Produktabgabe gewollt oder ungewollt gestaltet ist.

Die Reakquisition

Für Sie als kundenbetreuendes Team ist es wichtig eine dauerhafte Beziehung zur Kundschaft aufzubauen. Nach der Produktübergabe an die Kundschaft und der Produktübernahme von jener Seite, beginnt für Sie die Kundenbetreuungsphase und gleichzeitig für Ihr Kundschaft die Produktnutzenphase. Für viele Verkäufer ist nun die Arbeit getan und diese Kundschaft ist raus und weg. Wer mit dieser Einstellung arbeitet, der sollte sich nicht wundern, wenn diese Kundschaft beim nächsten Kauf diese Verkäuferschaft nicht berücksichtigt. Es hat nichts mit Undankbarkeit von Seiten der Kundschaft zu tun, sondern vielmehr damit, diese Kundschaft fühlt sich einfach nicht betreut. Ihr Team, welches sich mit den Kontakten zu Ihrer Kundschaft beschäftigt, darf jetzt diese nicht vernachlässigen. Oft höre ich: "Der Kunde hat doch grade gekauft, was soll ich noch mit dem, der kauft doch nicht nochmal!" Wenn ich darauf erwidere: „Mit hoher Wahrscheinlichkeit, DOCH!" werde ich erstaunt angeschaut. Dann zeige ich auf das Verkaufskontinuum und verweise dort auf eine Stelle wo die Kundschaft jetzt gerade nach dem Übergang in die Produktnutzenphase sein könnte. Gleichzeitig erinnere ich daran, durch innere und äußere Einflüsse wirken permanent Impulse auf die Kundschaft ein. Diese führen zu einer Bewegung! Diese Bewegung wird irgendwann einmal dazu führen, auch diese Kundschaft beendet die Produktnutzenphase von jenem Produkt.

Ihre Impulse sollten ständig dazu beitragen, die Kundschaft in die gewünschte Richtung zu bewegen. Darum ist die Begleitung der Kundschaft so wichtig.

Sie kennen diese Kundschaft schon genau. Warum sollen Sie dann unbedingt nach neuer Kundschaft Ausschau halten und gleichzeitig Ihre bisherige vernachlässigen? Ja, es stimmt, es gibt einen bestimmten Fluktuationssatz an Kundschaft welche nach einem Kauf nicht wieder kaufen. Mag es sein diese Kundschaft benötigt z.B. aus Altersgründen kein „Neues" mehr. Oder noch später überhaupt gar nichts mehr. Diese Fluktuationsrate muss kompensiert werden! Ja natürlich durch die Akquisition neuer Kunden. Dieses Thema behandelte ich im Band 2 „Wege zum Kunden" aus dieser Reihe „Das Akquisitionshandbuch". Darum möchte ich an dieser Stelle darauf nicht weiter eingehen.

Stattdessen möchte ich Sie dafür sensibilisieren, Ihre Bestandskunden weiter zu betreuen. Nutzen Sie jede Gelegenheit welche sich nur bieten mag und konsultieren Sie die Kundschaft. Reakquirieren Sie diesen Kundenstamm!

Nutzen Sie die Informationen aus dem Datenwarenhaus und setzen sich mit dieser Kundschaft in Verbindung. Wie solche ein Gesprächseinstig gelingen kann? Nun gut, es gibt ja den Klassiker „Geburtstagsanruf" Darüber sprach ich ja auch schon an anderen Stellen. Aber der findet ja nur einmal im Jahr statt, Sie sollten jedoch öfters Kontakt zu Kunden haben. Ich habe oft gehört, die Kundenbetreuung scheitert daran, sie findet keinen Gesprächseinstig.

Darum bedenken Sie bitte, wenn Sie gerade Ihre Kundschaft ansprechen, um zu erfahren an welcher Stelle diese sich im Kontinuum befinden, Sie haben die Kenntnisse vom Verkaufskontinuum.

Ihre Kundschaft hat von dem nur in ganz seltenen Fällen eine Ahnung. Setzen Sie also nicht dieses Wissen voraus. Behalten Sie jedoch dieses Wissen über die Unwissenheit Ihres Gegenübers für sich. Erlernen Sie darum eine Methode um Ansatz zu einem Gespräch zu finden.

Eine solche Gesprächsanlage wird die „Tripplestone-Methode" genannt. Hiermit ist gemeint, es werden erst 2 begehbare Steine gelegt. 2 Steine darum, damit Sie mit beiden Beinen darauf stehen können und einen weiteren, damit Ihr Gesprächspartner einen Schritt gehen kann, und zwar in Ihre Richtung. Sie geben dem Gesprächspartner eine Vorlage um auf Sie zuzukommen. Sie verleiten die Kundschaft dazu mit Ihnen zu reden. Je länger dieses Gespräch dauert, umso eher kann diese sich beim nächsten Mal daran erinnern.

Sie sprechen Kundschaft an, welche bereits ein Produkt aus Ihrem Hause besitzen. Sprechen Sie dieses Produkt gezielt an. (1. Stein), dann sprechen Sie von dem Grund des Anrufes, (Geburtstaganruf, Servicetermin, etc.) (2.Stein). Nun haben Sie einen festen Stand. Jetzt legen Sie den 3.Stein! Indem Sie die Kundschaft bitte über jenes Produkt zu sprechen.

Damit geben Sie der Kundschaft die Chance auf Sie zuzukommen und sie wird reden. Natürlich sollten alle aus dem Kundenbetreuungsteam diese Gedanken in eigene Worte hüllen.

Selbstverständlich ist dieses auch ein idealer Ansatzpunkt für die telefonische Kaltakquise. Denn allzu häufig scheitert das kalte Anrufen daran, den passenden Ansatz zu finden.

Dieser muss einerseits zu allen Kunden passen, denn hierbei wissen Sie im Gegensatz zu den Bestandskunden noch nichts über den Angerufenen. Andererseits sollte es nicht zu banal klingen. Sie wollen ja mit Ihrem Anruf auf sich aufmerksam machen. Ungefähr so könnte die Ablaufsystematik aussehen:

Der 1. Stein wird gelegt mit der Information über das neue Produkt, und die Andeutung, bereits andere Kunden konnten Nutzen daraus ziehen. Der 2. Stein wird gelegt mit der Information: „Genau Ihnen liebe Kundschaft möchte ich dieses Produkt auch näher bringe. Sie gehören zu dem elitären und ausgewählten Kreis derer, welche ich anrufe." Diese beiden Steine sind eine solide Basis um darauf stehen zu können. Darauf können Sie später aufbauen. Die Kundschaft weis sofort warum Sie dieses Gespräch führen. Wenn die Kundschaft nun den 3. Stein vorgelegt bekommt, indem eine Frage nach den eigenen Wünschen, Bedürfnissen oder Zwangsabbauten präsentiert wird. Erhalten Sie schon Informationen zum Standort der Kundschaft im Kontinuum.

Hierbei ist es unabhängig ob diese Gesprächssystematik mit einem Bestandskunden oder Neukunden geführt wird. Denken Sie zukünftig in solchen Gesprächen an die beiden Steine worauf Sie stehen und der 3. Stein für den Kunden.

Diese Gesprächssystematik eignet sich auch ganz hervorragend sobald Sie aufgrund eines Angebotes nachfassen. Übrigens vergessen Sie nie Ihre Nichtkunden zu betreuen. Selbstverständlich wird es auch Ihnen geschehen, Sie haben ein tolles Angebot erstellt und den Kunden mit Ihrem Produkt oder Ihrer Dienstleistung begeistert.

Aber der Kunde hat noch immer nicht bei Ihnen unterschrieben. Also setzen Sie sich mit Ihm in Verbindung. Es wird hier und da sicherlich zu einer Terminvereinbarung kommen. Nun können Sie die Gelegenheit nutzen und den Kunden mit den richtigen Impulsen durch die Verkaufsphase hindurch zu begleiten.

Möglich kann aber auch sein, Sie erhalten die Nachricht, es wird nichts mit einem Geschäft, weil es im Kontinuum einen inneren oder äußeren Einfluss gab, der die Kundschaft in diese oder jene Richtung bewegte. Erfragen Sie den Standort! Sollte dieser Standort in einem neuen Kontinuum liegen, wissen Sie aber nun genau wo dieser Standort ist. Am Beginn der Produktnutzenphase! Welche Schritte leiten Sie nun ein? Vergessen des Kunden weil er woanders gekauft hat? Warum?

Dieser Kunde hatte einen Grund, ja genau einen Impuls. Dieser wirkte auf sein damaliges Kontinuum ein. Dieser Impuls war so stark, die Kundschaft wurde mitgerissen und in ein neues Kontinuum katapultiert. Sie kennen diesen Effekt von Ihren eigenen Verkaufspräsentationen? Aber warum wollen Sie diese Kundschaft nun verstoßen? Welche Konsequenz hätte dieses denn? Sie müssen sich bemühen eine neue Kundschaft zu akquirieren.

Sehr schön, es ist der Motor im Verkauf, neue Kundschaft zu finden und ein neues Datenwarenhaus aufzubauen. An einer Stelle werden Sie nach dem Standort im bisherigen Kontinuum fragen. Dann stellen fest, diese Kundschaft hat ihr „Bisheriges" bei einem Mitbewerber gekauft.

Diese Kundschaft werden Sie nun ja auch betreuen und durch dieses Kontinuum hindurch begleiten. Aus meiner Sicht ist dieses Verständnis wichtig, auch wenn Ihre bisherige Kundschaft einmal an anderer Stelle gekauft hat. Betreuen Sie diese genauso weiter. Sie werden sehen. Irgendwann wird sich auch dieses neue Kontinuum dem Ende zu neigen. Dann sollten Sie davon wissen. Zeigen Sie nun auf, jener Impuls der damals entscheidend war. Der kann nun auch von Ihnen kommen.

Denken Sie immer daran: „Nach dem Kauf ist vor dem Kauf" Wenn eine Kundschaft etwas gekauft hat, dann ist es ein Zeichen, diese sind für jenes Produkt auch zukünftig Kundschaft. Behalten Sie diese Kundendaten in Ihrem Datenwarenhaus und betreuen Sie die Kunden weiter. Betreuen Sie diese auch nach einer langen Zeit noch weiter. Der regelmäßige Kontakt hilf Ihnen den Standort der Kundschaft im Kontinuum zu bestimmen. Mancher Kundschaft verhilft auch eine große Vielzahl an Impulsen nur zu einer sehr gemächlichen Bewegungsgeschwindigkeit. Jedoch gibt es den inneren Einfluss der Produktalterung. Dieser Einfluss gibt permanent Impulse ab. Der Tag wird kommen an dem das „Bisherige" nicht mehr den Nutzen erfüllt und ersetzt werden muss.

Das Produktkennenlernen

Die Sektion des Produktkennenlernens ist der erste Abschnitt in der Phase der Produktnutzung. Hierbei lernt Ihre Kundschaft das „Neue" kenne. Verständlich ist, der Vergleich mit dem „Bisherigen". Hierbei ist es vollkommen gleich ob dieses „Neue" ein Produkt, eine Dienstleistung oder ein Service ist. Die Kundschaft empfindet, jetzt mit dem Erhalt des „Neuen" den Beginn eines neuen Kontinuums. Dieser Beginn des Kontinuums verdeutlicht auch die verschiedenen Sichtweisen von Kunden auf der einen Seite und dem Verkaufsteam auf der anderen Seite. Für Ihre Kundschaft beginnt nun eine neue Situation. Sie hat mit dem Erhalt des „Neuen" zum einen die Erfüllung von Wunsch oder Bedarf geschaffen und zum anderen nun eine Veränderung vor sich. Mit der Übernahme des „Neuen" beginnt nicht nur das Segment des Produktkennenlernen, sondern eben eine Phase der Produktnutzung. Diese wird eine gewisse Zeitdauer anhalten und ein Teil des Lebensinhaltes Ihrer Kundschaft ausmachen.

Für Sie liebes Verkaufsteam beginnt nur eine weitere Phase des Kontinuums in dem Sie sich bereits eine Weile befinden, um für die Kundschaft zu arbeiten. Sie durchschritten bereits vor einer Weile die Akquisitions- und Informationsphase, bevor Sie dann mit dem Kunden in der Verkaufsphase gemeinsam über die Beschaffenheit des Neuen zusammen kamen.

Nun aber nach der Auslieferung des Neuen, befinden Sie sich in der Akquisitions- und Informationsphase für das nächste Kontinuum dieser Kundschaft.

Denken Sie unbedingt daran, diese Kundschaft befand sich vor der Übernahme des „Neuen" im Kontinuum des „Bisherigen". In diesem vorherigen Kontinuum befand sich die Kundschaft ja bereits eine Weile und damit auch in der Produktnutzenphase des „Bisherigen". Durch diese Verweildauer war die Kundschaft an jenes „Bisherige" gewohnt und sie kannte dieses „Bisherige". Die Kundschaft kannte genau die Nutzbarkeit und Verwendung des „Bisherigen".

Nun ist dieses „Neue" da! Jetzt muss für die Kundschaft dieses „Neue" die Verwendbarkeit beweisen. Die Kundschaft wird auf Veränderungen zwischen „Bisherigem" und „Neuem" stoßen. Möglicherweise war genau jene Veränderung der Grund zum Kauf. Möglich ist aber diese Veränderung nur der Nebeneffekt und erleichtert die Handhabung. Aber es kann sein, diese Veränderung ist ungewohnt und bedarf des Kennenlernens. Sowohl in der Bewältigung des Ablaufes als auch der Handlungsschritte kann nun eine Veränderung vorliegen. Für die Kundschaft steht nun die Bewältigung dieser Veränderungen an. Wenn Sie nun hilfreich zur Seite stehen und die Kundschaft durch Ihre Unterstützung einen weiteren Mehrwert des „Neuen" erkennt, dann haben Sie der Kundschaft einen Impuls gegeben um sich innerhalb der Produktnutzenphase weiter zu bewegen.

Die Kundschaft steht nach der Produktübergabe zwar am Anfang der Produktnutzenphase. Wird sie dort für immer und ewig stehen bleiben? Nein, natürlich nicht! Darum, an dieser Stelle einmal einige kybernetische Überlegungen in Bezug auf die Systemsteuerung von sozialen Prozessabläufen.

Ich erwähnte bereits an verschiedenen Stellen. Die Kundschaft ist innerhalb des Kontinuums in steter Bewegung. Unsere Überlegungen gehen davon aus, es gibt unzählige innere und äußere Einflüsse. Diese üben auf die Kundschaft Beschleunigungen aus. Jene werden durch den energetischen Gehalt der Impulse, welche aus den inneren und äußeren Einflüssen herstammen, ausgelöst. Durch diese Bewegungsenergie setzt sich die Kundschaft innerhalb des Kontinuums in Bewegung. Bewegungsrichtung und Bewegungsgeschwindigkeit, sind vom energetischen Gehalt des Impulses abhängig. Diese Gesetzmäßigkeit ist der Motor der Ihre Kundschaft in steter Bewegung hält. Nun bedeutet dieses für Sie, durch Ihren äußeren Einfluss auf die Kundschaft, einen Impuls auszulösen der jene in Bewegung versetzt. Durch diese Impulse steuern Sie die Bewegungsmechanik innerhalb des Kontinuums. Für Sie als Team ist es darum notwendig mindestens ein Mitglied zu haben, welches diese Kundenbetreuung durchführen kann.

Bedenken Sie bitte darum, die Kundschaft besitz nun ihr „Neues" und beginnt im Gebrauch damit, sich mit diesem auseinander zu setzten. Wie ich schon schrieb, stellt die Kundschaft nun bestimmte Eigenschaften vom „Bisherigen" dem „Neuen" gegenüber.

Dabei ergeben sich zwangsmäßig Dinge welche voneinander abweichen. Nun müssen Sie da sein. Unterstützen Sie die Kundschaft in diesen Momenten. Dieses „da sein" kann durchaus auch schon eine Hilfehotline sein. Es sollte aber eine Rückinformation geben, ob der Kundschaft geholfen wurde.

Sollte die Kundschaft sich mehrmals an diese Hotline wenden, dann ist ein persönliches Erscheinen von Ihnen zwingend nötig. Natürlich kann dieses Erscheinen auch telefonisch, per mail, per SMS oder Chat erfolgen. Aber die Kundschaft muss sich betreut fühlen. Sie muss wissen es ist jemand da, der nicht nur verkauft sondern mich auch danach noch betreut. Nur so können Sie erreichen, damit die Kundschaft glücklich bleibt.

Dieses Empfinden von Glück hat auch einen energetischen Gehalt. Dieser sorgt dafür, dieser Kunde wird in seiner Bewegungsrichtung zu Ihnen gesteuert. Oder anders ausgedrückt, durch den energetischen Fluss der durch Ihr Engagement dem Kunden gegenüber stattfand, wird der Kunde durch diesen Impuls von Ihnen angezogen. Hierbei spielt auch das Ping eine Rolle. Dieses erläuterte ich im Band 2 „Wege zum Kunden" aus der Reihe „Das Akquisitionsbuch" ausführlich.

Natürlich kann dieses „Neue" in seiner Funktionalität so komplex geworden sein, deswegen benötigt die Kundschaft Zubehör, oder einen weiteren Service, etc. Alles dieses wird für Sie ein Minikontinuum sein. Wenn dieses „Neue" allgemein so konstruiert ist, dann bauen Sie sich ein After-sale Vertrieb auf. Sie werden durch diese Dinge ständig Kontakt zur Kundschaft halten und diese damit immer wieder beglücken. Durch diese dauerhaften Impulse werden Sie diese Kundschaft stetig gezielt beschleunigen. Vernachlässigen Sie jedoch diese Betreuung und die Kundschaft erhält aus anderer Quelle die Glückseligkeit der Produktnutzenerhöhung, folgt damit auch die Beschleunigungsenergie aus deren gesteuerten Impulsen.

Deren Beschleunigungsrichtung die Kundschaft von Ihnen entfernt. Vermeiden Sie darum, jene Ereignisse. Stattdessen halten Sie Kontakt zur Kundschaft, so vielleicht unteranderem auch zu Geburtstagen und Jubiläen. Nehmen Sie diese Gegebenheiten zum Anlass des Kundenkontaktes. Mittels der Tripplestone-Methode haben Sie auch schnell einen Gesprächseinstieg. Hierbei stellen Sie schnell fest an welcher Position die Kundschaft nun in diesem Kontinuum sich befindet. Dabei werden Sie auch erfahren ob die Kundschaft mit dem „Neuen" glücklich ist und mit wem sie dieses Glück teilen möchte. Wem diese von ihrem Glück bereits erzählt haben und diese Personen mit dem Glück infizierten.

Wenn Sie dieser Kundschaft durch die bereits erteilten Impulse so vertraut sind, dann werden Sie diese neue Adresse erhalten. An dieser Stelle beginnt für Sie als Verkäufer ein neues Kontinuum und damit auch der Aufbau eines neuen Datenwarenhauses. Durch eine gezielte und saubere Akquisition werden Sie schnell den Standort dieser neuen Kundschaft erfahren. Jetzt werden Sie diese Kundschaft betreuen und zum neuen Produkt führen.

Wie lange diese Betreuung dauert, hängt vom Standort, der Bewegungsgeschwindigkeit sowie Bewegungsrichtung ab. Durch Ihre gezielten äußeren Einflüsse geben Sie Impulse an diese Kundschaft, damit diese sich in die von Ihnen gesteuerte Richtung bewegen. Welchem strukturierten Ablauf wird im Allgemeinen dieser Prozess folgen? Ein wichtiger Termin findet etwa 3-7 Tage nach der Produktübergabe (dem POT = point of transfer) statt. In dieser Zeit hat die Kundschaft erste praktische Erfahrung mit „Neuen" gesammelt.

Sie haben dann genau die Fragen welche nicht bei der POT erklärt bekamen. Das Mitglied Ihres Teams, welches nun mit der Kundenweiterbetreuung betraut wurde, steht an dieser Stelle bereit. Hierbei steht der Erklärer der Kundschaft gegenüber und hilft. Natürlich mit Sachverstand, guter Erklärung und ohne Überheblichkeit. Solch einem Unternehmen wird dann auch Kenntnis und Fähigkeiten zugestanden. An dieses Verkäuferteam wendet sich die Kundschaft gerne und kauft darum bei Ihnen auch wieder. Diese Kundschaft möchte nämlich auch bei ihrem nächsten Kauf wieder gut beraten werden. Somit legt Ihr Team in diesen ersten Tagen nach dem Verkauf den Grundstein für den nächsten Verkaufserfolg. Genau aus diesen genannten Gründen darf der Kontakt zur Kundschaft nicht abreißen.

Selbstverständlich sollte Sie alle Anlässe nutzen um den Kunden zu kontaktieren. Dabei sollten Sie der Kundschaft Produktneuvorstellungen unbedingt nahebringen.

Gerade dadurch können Sie einen Impuls auslösen der dieser Kundschaft Bewegungsenergie verleiht. Auch wenn weder Sie noch die Kundschaft daran denken ein neuen Kontinuum beginnen zu wollen. Durch die verliehene Bewegungsenergie kann diese Kundschaft sich schneller zum Ende des Kontinuums bewegen als gedacht. Ihr Impuls bewirkte die Beschleunigung des Kunden. Diese Beschleunigung wirkt in eine von Ihnen gewünschte Richtung. Diese zeigt in Ihre Nähe.

Natürlich ist es auch eine Gesetzmäßigkeit, außer Ihnen werden auch Marktbegleitern sich um diese Kundschaft bemühen.

Auch diese werden sich der Kundenbetreuung widmen und durch Ihre Informationen Impulse auf die Kundschaft abgeben. Jene Impulse werden ebenso die Kundschaft beschleunigen, jedoch in eine andere Richtung als in die Ihrige. Somit kann es leider immer wieder einmal geschehen, diese Kundschaft kauft ein anderes „Neuen". Jenes „Neue" muss nicht viel von Ihren Produkten abweichen. Es genügen ja nur wenige energetische Partikel welche den Kunden dann zum Kauf bewegen.

Vergegenwärtigen Sie sich folgenden Vergleich, ein Rennen auf der Pferderennbahn. Auch hier reicht eine Winzigkeit von Vorsprung und dieses Pferd gewinnt. Oder auch beim Golfspiel entscheiden wenige Millimeter ob Sie den Ball putten oder ob er vorbei rollt. Sie haben deshalb nicht schlecht gespielt, sondern Sie haben dem Ball nur eine Nuance zu viel oder zu wenig Energieimpuls gegeben. Sie werden an diesen beiden Beispielen sehen, eine Winzigkeit von energetischem Impuls genügt um über den Erfolg zu entscheiden.

Bedenken Sie bitte auch, Ihre energetischen Impulse können durch Fremdimpulse abgeschwächt oder aufgehoben werden. Aber Verzweifeln Sie nicht. Es ist genauso eine Gesetzmäßigkeit, eine gewisse Anzahl von Kunden ist empfänglich für jene Fremdimpulse. Dieses ist auch gut so, denn ohne diese Kundschaft hätten auch Sie nicht die Chance Fremderoberungen zu erringen. Also zweifeln Sie nicht an sich.

Aber als Konsequenz daraus müssen Sie ableiten, diese Kundschaft wurde während Ihres, dem „Bisherigen" Kontinuum nicht nur von Ihnen sondern auch vom Verkäufer des „Neuen" betreut.

Dieses sollten Sie jetzt auch beherzigen. Kontaktieren Sie diese Kundschaft auch weiterhin. Sprechen Sie diese Kundschaft weiter an. Mit den richtigen Worten gefragt wird sie Ihnen mitteilen, warum dieses Mal ein anderer Lieferant den Auftrag erhielt. Aber möglich ist auch, Sie erhalten den Auftrag zum Service oder die After-sales werden bei Ihnen geordert. Bleiben Sie bei dieser Kundschaft in guter Erinnerung!

Möglicherweise stellt sich eine solche Kundschaft die Frage: „Ist dieser klein wenig energetische Impuls es Wert, dieses bisherige Verkaufsteam bei diesem Kauf zu ignorieren?" Jedoch wird sich nicht alle Kundschaft diese Frage stellen.

Darum vergessen Sie ebenfalls nie „Nach dem Kauf, ist vor dem Kauf"!

Eine Selbstverständlichkeit sollte natürlich sein, jede dieser Aktionen die Sie mit der Kundschaft oder für diese durchführte im Datenwarenhaus zu hinterlegen. Jede Aktion ist ein äußerer Einfluss auf die Kundschaft. Diese ist mit einem energetischen Impuls verbunden. Dieser bewegt die Kundschaft! Sie selber oder die Mitglieder Ihres Teams müssen von der Standortveränderung wissen, sollte diese dazu führen, eine weitere Aktion auszuführen.

Vergessen Sie nicht, Ihre Kundschaft welche wir hier ursprünglich betrachteten, befindet sich noch immer unweit von POT. Diese Kundschaft bedarf der Unterstützung Ihres Teams um dieses „Neue" richtig kennenzulernen. Verkaufsoffensiven für ein „Neues" an dieser Stelle zu starten und die Kundschaft damit zu behelligen ist vollkommen fehl am Platz.

Solche Aktivitäten würden die Kundschaft keinesfalls beschleunigen. Diese würden Ihre Kundschaft von Ihnen entfernen. Wenn Sie Kontakt zu dieser Kundschaft haben lassen Sie diese doch eine Empfehlung aussprechen. Nutzer eines neuen Produktes sind von diesem immer sehr begeistert.

Also anstelle die Kunden aus der Sektion des Produktkennenlernens in ein neues Kontinuum katapultieren zu wollen konzentrieren Sie Ihre Anstrengungen jetzt vielmehr darauf die Kundschaft durch die Sektion des Produktkennenlernens zu begleiten bevor diese die Sektion des Produktgenusses erreicht.

Der Produktgenuss

Die Kundschaft hat des „Neue" kennengelernt. Sie hat die Benutzbarkeit und Verwendung ausprobiert. Gewiss auch schon mehrfach. Viele dieser Anwender werden dieses auch täglich handhaben. Die Erinnerung an bestimmte Handhabungen am „Ehemaligen" verblassen. Die neuen Handhabungen werden nun zur Gewohnheit. Es werden einige Handhabungen sogar zur lieben Gewohnheit. Diese haben besondere Eigenschaften welche die Handhabung erleichtern oder eine vielfältigere Nutzung ermöglicht. Untersuchen wir dieses einmal aus kybernetischer Betrachtungsweise in Hinsicht des Energiegehaltes dieses Einflusses.

Die Kundschaft besitzt jetzt ihr „Neues" und dafür war eine Aufwendung notwendig welche auf Arbeitsstunden aufgerechnet, einen Teil der Lebensenergie gekostet hat. Wenn Sie davon ausgehen, Ihre Arbeitsstunde erbringt Ihnen die Entlohnung in Höhe von so und so viele Euro. Wenn Sie liebe Leser etwas erwerben, müssen Sie dafür also auch so und so viele Stunden arbeiten. Diese Zeit der Arbeit hat einen Anteil Ihrer Energie gekostet. Sicher werden Sie wissen, wenn ein arbeitsreicher Tag hinter Ihnen liegt sind Sie ausgelaugt. Sie haben Energie verloren. Laut Energieerhaltungssatz steckt Ihre Energie nun an anderer Stelle. Mit hoher Wahrscheinlichkeit lässt sich nachweisen, Ihre Energie steckt nun in dem Projekt welches Sie bearbeitet haben.

An anderer Stelle erwähnte ich bereits mehrfach, die Kundschaft ist im Kontinuum in steter Bewegung. Diese Bewegung wird durch Impulse welche auf die Kundschaft einwirken, hervorgerufen.

Ihre Energie welche Sie investiert haben, steckt nun in diesen Impulsen.

Zurück zu dem was Sie lieber Leser erwerben wollen. Auch darin steckt Energie. Diese Energie entfaltet sich bei der Nutzung dieses Erworbenen. So erlebt es auch Ihr Kunde bei der Nutzung seines „Neuen". Dieses ist inzwischen zum „Jetzigen" geworden. Jede dieser Nutzungen gibt der Kundschaft wieder einen energetischen Impuls. Diese Kundschaft erfreut sich an diesem „Jetzigen"! Diese Freude, ja dieses Glück ist ein bestimmter Antrieb der Ablaufdynamik im Kontinuum.

Sie sind nun zum Betreuer der Kundschaft in dieser Phase des Kontinuums geworden! Sie haben diese Kenntnis, welche Energien auf die Bewegungsgeschwindigkeit und Bewegungsrichtung der Kundschaft im Kontinuum einwirken.

Die energetischen Impulse brachten den Kunden aus dem Segment des Produktkennenlernens nun zum Produktgenuss. Kennzeichnend für dieses Segment innerhalb der Produktnutzungsphase ist die Tatsache, die Kundschaft hat ihr „Jetziges" kennengelernt und geniest die Verbesserungen gegenüber dem „Vorherigen"! Die Kundschaft hat die neuen Eigenschaften schätzen gelernt und nutzt dieses „Jetzige" mit Freude. Diese Freude ist ein Ausdruck der gewonnenen Energie.

Nutzen Sie nun diese um diese Energie weiterwirken zu lassen mit einem Mehrwert.

Setzen Sie sich mit der Kundschaft in Verbindung und verwenden Sie dabei z.B. die Tripplestone-Methode!

Sie legen den 1. Stein in dem Sie auf dieses „Jetzige" verweisen und der 2. Stein durch den Hinweis der Nutzbarkeit, Handhabung, Kostenminimierung etc. Also diesen Vorteil der für den Kunden ausschlaggebend war. Diese Information hatten Sie sich ja im Datenwarenhaus vermerkt als sie den Kunden während der Informationsphase einer Bedarfsanalyse unterzogen. Jetzt können Sie dem Kunden den 3.Stein vorlegen und ihn bitten über die Eigenschaften und seinem Empfinden bei der Nutzung sprechen.

Auch in diesem Moment wird wieder das Ping zwischen Ihnen und Ihrer Kundschaft einen energetischen Austausch ebnen. Wenn der Kunde von Ihnen wirklich gut beraten wurde und genau jenes Produkt erhielt welches für seinen Bedarf notwendig war, wird diese durch die, bei der Nutzung erhaltenen Energien ein Potentialniveau an dieser im Übermaß besitzen. Die Kundschaft wird es an Sie weitergeben.

So erhalten Sie persönlich einen Energieschub von Seiten der Kundschaft, welcher Sie in Ihrer Arbeit wieder neu motiviert und vorantreibt. Sie wissen Ihr Handeln den Kunden gegenüber war korrekt und Sie haben die Kundschaft glücklich gemacht.

Durch dieses Empfangen von glückshaltiger Energie, wiederspiegelt das Ping und das Reping diesen energetischen Fluss. Die Kundschaft spürt diesen Erhalt des Glückes und diese fällt auf einen fruchtbringenden Boden. Daraus keimt, weil die Kundschaft mit ihrer Begeisterung für dieses „Jetzige" auch auf andere zugeht, bei diesen „Anderen" der Wunsch ebenfalls Ihr Produkt besitzen zu wollen. Dadurch wird die Kundschaft bestärkt beim Kauf alles richtig gemacht zu haben.

Ihre Kundschaft hat durch diesen Rückimpuls wiederum eine Steuerung der Bewegungsrichtung innerhalb des Kontinuums erhalten. Diese Bewegungsrichtung wird auf Sie ausgerichtet sein. Wenn es Ihnen gelingt, diese „Anderen" ebenso zu Ihrer Kundschaft und zu Nutzern Ihres Produktes zu machen, wirkt auch dieses positiv auf die Gesamtheit dieser Kundengruppe.

Darum kann ich Ihnen nur immer eines ans Herz legen. Analysieren Sie die Bedürfnisse der Kundschaft gewissenhaft und verkaufen Sie dieser, bedarfsgerechte Produkte. Suchen Sie im Vorfeld, also in Ihrer Akquisitionsphase nach Kundschaft für Ihre Produkte. Orientieren Sie sich zielgenau auf jene Kunden welche zu Ihren Produkten passen. Konzentrieren Sie sich darauf!

Warten Sie nicht nur alleine darauf, es kommt jemand der irgendetwas haben will und den sie dann mit Ihrem Produkt abservieren. Möglicherweise geschieht dieses weil „Jemand" nicht speziell an Ihrem Produkt Interesse hat sondern dieses in Ermangelung von etwas anderem nimmt.

Kaum glaubhaft, ob dieser „Jemand" wirklich 100% glücklich mit Ihrem Verkauf wird. Sie werden nicht wissen welchen Bedarf diese Kundschaft eigentlich hatte. Sie werden Ihr Datenwarenhaus nur als Stückwerk erstellen können. Bei Ihrem nachfasen, nach der Produktübergabe werden sie noch den 1. Stein legen und auf das Produkt verweisen können, wenn Sie aber auf die erfüllte Bedürftigkeit verweisen wollen wird es schwierig. Ganz zu schweigen davon, welchen Stein wollen Sie dem Kunden zu Füßen legen?

Sie werden diesen 3. Stein wohl dann eher, ihm in den Weg legen. Eine Konsultation der Kundschaft wird unter diesen Umständen nicht stattfinden. Sie werden darum keinen Rückimpuls von der Kundschaft erhalten.

Nur von Kundschaft welche mit ihrem „Jetzigen" glücklich sind, werden Ihnen einen energetischen Impuls geben. Überlegen wir einmal an dieser Stelle welchen Nutzen können Sie aus diesem Energiereservoir noch ziehen?

Wer die Bände 1 und 2 aus der Reihe „Das Akquisitionshandbuch" las, kann sich an den „Geburtstagsanruf" erinnern. Hierbei empfahl ich prinzipiell immer zum Geburtstag der Kundschaft anzurufen und Geburtstagsglückwünsche zu übermitteln. Hierbei gibt es die Wahrscheinlichkeit, in eine Geburtstagsrunde hinein anzurufen. Sie werden somit gleich zum Gesprächsthema. Wenn Sie bis dahin einen positiven Eindruck hinterlassen haben, wird Ihre Kundschaft auch genau dieses an die Geburtstagsgäste weitergeben und diese erhalten einen positiven Impuls. Dieser bewirkt eine Bewegungsrichtung hin zu Ihnen.

Noch muss es nicht zwingend zu einem Sofortkauf führen. Dazu war der energetische Impuls zu gering, jedoch wenn Sie erneut mit diesen Personen aus der Geburtstagsrunde zusammen treffen, dort weitere Impulse an diese geben, nähern diese sich Ihnen an. Je mehr Impulse auf diese Personen in Bezug auf Sie, einwirken, kann sich die Bewegungsrichtung dahin verändern, damit hieraus zukünftige Kundschaft wird.

Wenn dieser Prozessablauf wie hier beschrieben als Geburtstagsanruf funktioniert, dann streben Sie ähnlich gelagerte Abläufe an! Wie oben beschrieben, Ihre Kundschaft welche sich im Produktgenusssegment befindet, hat ein hohes positives Energiereservoir.

Sprechen Sie doch die Kundschaft gezielt an, wer alles von diesem Produktgenuss inzwischen Kenntnis hat. Forcieren Sie die Kontaktierungen der Kundschaft! Diese ist in einer glücklichen, positiven und euphorischen Stimmung! Nutzen Sie diese Stimmung, schnellst möglichst! Leider verliert sich diese nach und nach. Aus dem Genuss wird dann Gewohnheit.

Die Produktgewohnheit

Die Kundschaft besitzt ihr „Jetziges" nun schon einen gewissen Zeitraum über. In diesem durchschritt diese, gemeinsam mit Ihnen die Segmente des Produktkennenlernens und der Produktgenusses.

Inzwischen ist aus dem Genuss der Nutzung des „Jetzigen" Gewohnheit geworden. In diesem Segment hat die Kundschaft ihr „Jetziges" schätzen gelernt und ist mit der perfekten Nutzung vertraut. Die Kundschaft weis was sie hat! Wenn Sie gut mit dieser Kundschaft zusammengearbeitet haben, wissen auch Andere von diesen Nutzungseigenschaften. Diese Anderen sind hoffentlich auch zu Ihrer Kundschaft geworden.

Die Kundschaft hat auch Dank Ihrer Unterstützung, zu ihrem „Jetzigen" eine Loyalität aufgebaut. Diese Loyalität zum Produkt besitzt auch eine Bindungsenergie hin zu Ihnen, als die Verkörperung des Teams zur Kundenbetreuung. Nutzen Sie diese! Ihre Kundschaft wurde durch Sie persönlich oder durch Ihr Team betreut und verbindet die positive Nutzungserfahrung mit Ihnen. Sie erhielten in der Zeit als die Kundschaft ihr Produkt genoss von dieser Energie, welche Ihnen einen positiven Schub gab! Sie waren in der Lage diese erhaltene Energie wiederum weiter zu geben. Noch ist nicht alle Nutzungsenergie des Produktes erschöpft. Holen Sie sich durch den Kundenkontakt neue Energie!

Ihre Kundschaft hat diese Energie durch die Gewöhnung an die Produktnutzung zur Verfügung. Bedenken Sie andererseits aber auch, die Kundschaft besitzt ihr „Jetziges" nun eine gewisse Zeit.

In dieser ist Ihre Produktentwicklung nicht auf dem Stand von damals stehen geblieben. Dieses bedeutet, Ihr Produkt, also jenes „Jetzige" des Kunden kann schon eine Weiterentwicklung (upgrade) besitzen.

Wägen Sie gemeinsam mit der Kundschaft ab, ob es in deren Interesse ist, sich mit diesem upgrade zu beschäftigen, oder jenes „Jetzige" weiter zu nutzen und den Service weiter auszubauen. Beraten Sie als Betreuer im Sinne der Kunden. Wenn der Service im vergleichbaren Zeitraum mehr Kosten verursacht als der Teil der für eine Neuanschaffung im gleichen Zeitraum kostet, teilen Sie es der Kundschaft mit.

Natürlich müssen Sie dazu kaufmännisch korrekte Rechenvorgänge beherrschen. Natürlich werden zu Beginn des Segmentes der Produktgewohnheit, der Service und die Wartung, sowie weitere Nebenkosten gering sein. In dieser Zeit lassen Sie in der Kundschaft die Begeisterung für deren „Jetziges" aufleben. Steuern Sie dadurch die Kundschaft mittels Ihrer Impulse wieder näher an sich und Ihr Unternehmen. Bedenken Sie, auch die Begleiter Ihres Marktes haben von diesen hier beschriebenen Gesetzmäßigkeiten Kenntnis. Diese werden genau wie Sie Ihre Kenntnisse nutzen.

Ihre Kundschaft wird auch den Impulsen von dort ausgesetzt. Durch diese Impulse wird auf die Kundschaft Energie abgestrahlt, welche sich als Bewegungsenergie darstellt. Diese Bewegungsenergie hat auch eine vektorielle Bewegungsrichtung. Diese Energie sorgt dafür, diese Kundschaft wird von Ihnen entfernt. Lassen Sie diese Entfernung nicht zu.

Neben der natürlichen Alterung des „Jetzigen" und der damit verbundenen Weiterentwicklung Ihrer Produkte, treten auch innere Einflüsse auf. Innere Einflüsse kommen anlässlich persönlicher Ereignisse oder als Folge von äußeren Einflüssen zum Vorschein.

Beispielsweise kann ein direkter innerer Einfluss die persönliche Alterung des Nutzers sein. Mit dem Eintreten eines bestimmten Alters, kann es aus der bedingten eingeschränkten Beweglichkeit und daraus folgenden Bequemlichkeit ein Bedarf an anderer Handhabung für ein „Zukünftiges" geben.

Ein Beispiel für einen indirekten inneren Einfluss wäre folgendes. Der Kundschaft wird aufgrund der eingeschränkten Beweglichkeit ihr berufliches Leben beendet. Der Arbeitgeber trennt sich von Ihrer Kundschaft. Dadurch kann eine finanzielle Einschränkung eintreten. Diese soll durch die Anschaffung des „Zukünftigen" reguliert werden. Wie Sie lesen, treten durch innere Ereignisse enorme Impulse auf.

Gleichzeitig treten auch noch indirekte äußere Einflüsse auf. Ein Beispiel wäre an dieser Stelle, diese Kundschaft trifft nun durch diese Bewegungseinschränkung auch noch gesetzliche Regularien. Diese können so gravierenden Einfluss ausüben und damit die Nutzung des „Jetzigen" ausschließen.

Nutzen Sie diese Situation der Kundschaft nicht dahingehend schamlos aus, damit Sie schnell irgendetwas verkaufen!

Gerade jetzt ist es zwingend wichtig, Sie und/oder Ihr Team beraten die Kundschaft bedarfsgerecht.

Vergessen Sie nicht: "Nach dem Kauf ist vor dem Kauf!"

Auch wenn Sie jetzt ein Kontinuum zügig beendet haben und die Kundschaft sich in einem neuen Kontinuum befindet, ist die Beziehung zu Ihrer Kundschaft noch vorhanden. Auch in diesem Kontinuum beginnt nach dem POT (Produktübergabetermin) die Produktnutzenphase und damit das Segment des Produktkennenlernens.

Stellt die Kundschaft jetzt fest. Sie haben der Kundschaft etwas verkauf, welches nicht dieser neuen Situation angepasst ist, obwohl Sie vom eigentlichen Bedarf wussten, wird bei jeder Nutzung oder Nichtnutzbarkeit ein Impuls ausgelöst, welcher die Kundschaft von Ihnen entfernt. Sollte dieses Produkt so unbrauchbar sein, damit eine gänzliche Neuanschaffung nötig wird, tritt ein weiterer materieller und finanzieller Aspekt auf. Ich beschrieb ja schon, ein Produkt hat immer ein finanzielles Gegengewicht. Dieses wiederum hat eine bestimmte Arbeitsleistung als Gegenwert. Daraus lässt sich ableiten ein Produkt kostet für jede Kundschaft unterschiedlich viel Arbeitszeit und damit Lebenszeit. Verliert Ihre Kundschaft durch ungenaue Beratung wertvolle Lebenszeit, dann wird dieser Verlust, gerade für Kundschaft welche sich in solch einer Zwangssituation befinden, viel mehr bedeuten, als bei anderer Kundschaft.

Diese Kundschaft erhält negative Impulse bei jeder Nutzung. Diese negativen Energien werden zu Ihnen wiederum zurückerhalten und diese hemmen Sie in Ihrer Leistungsfähigkeit.

Ich möchte noch einmal darauf verweisen. Nutzen Sie nicht die Zwangssituation von Kundschaft aus. Beraten Sie auch dann kundenorientiert.

Zurück zur Kundschaft welche die Gewohnheit an Ihrem „Jetzigen" ausleben möchte. Sehr schön für alle. Sie werden diese Kundschaft regelmäßig kontaktieren! Dabei informieren Sie auch über die aktuellen Produkte und Dienstleistungen aus Ihrem Haus. Bedenken Sie, Ihre Kundschaft bewegt sich im Kontinuum. Diese Bewegung führt dazu, eines Tages wird diese Kundschaft aus dem Kontinuum des „Jetzigen" in ein Kontinuum des „Zukünftigen" wechseln. Diese Gesetzmäßigkeit tritt für die Kundschaft ein, mit Ihnen oder auch ohne Sie. Aber durch Ihre Impulse können Sie dafür sorgen, diese Kundschaft ist bei Ihnen wenn dieser Zeitpunkt eintritt. Sie haben es in der Hand denn Sie geben Ihrer Kundschaft Impulse und dadurch erfahren Sie auch von Ereignissen welche im Leben dieser stattfinden. Es wird irgendwann ein Ereignis stattfinden welches durch seinen Impuls eine Bewegungsbeschleunigung der Kundschaft bewirkt. Diese bewirkt, Ihre Kundschaft wird aus dem Segment der Produkterneuerung in das Segment der Produkterschöpfung befördert.

Die Produkterschöpfung

Die Sektion der Produkterschöpfung tritt ein, sobald erste Reparaturen am Produkt durchgeführt werden müssen, welche auf Verschleiß zurückzuführen sind.

Diese Sektion innerhalb der Produktnutzenphase tritt abhängig vom Produkt nach sehr verschiedenen Zeiträumen ein. Bei einem sehr langjährig nutzbaren Produkt wird diese Phase erst spät einsetzen. Jedoch gibt es auch langlebige Produkte in der die Produkterschöpfungsphase sich in die Produktgewohnheitsphase allmählich einschleicht. Dieses Einschleichen verführt den Kunden dazu, anzunehmen diese Eigenschaftsveränderungen sind Bestandteil der Produktgewöhnung.

Wenn Sie einem Bestandskunden ein neues Produkt verkaufen, wird es eine Weile dauern bis dieser mit seinem ersten Reparaturauftrag zu Ihnen kommt. Zu einer guten Kundenbetreuung gehört natürlich der systematisch und rhythmische Wartungszyklus.

Natürlich verhindert dieser nicht den allgemeinen Alterungsprozess des Produktes, aber es kann gegen akute Alterungserscheinungen vorbeugen. Auch Ihrer Kundschaft wird klar sein, sie werden zu einem (in ihrer Hoffnung) möglichst späten Zeitpunkt ihr „Jetziges" erneuern müssen. Die Produkterschöpfung wird sehr unterschiedlich betrachtet. Wenn es Ihrem Unternehmen sehr daran liegt genau dieses Produkt bei der Kundschaft zu belassen, weil Ihr hauptsächlichster Einnahmequell in der Reparatur der Produkte liegt, dann werden Sie die Erschöpfungsphase über einen langen Zeitraum hinweg steuern.

Die Steuerung dieses Prozesses der Produkterschöpfung obliegt Ihrer Fähigkeit. Sie müssen genau die richtigen Impulse auf die Bewegungsgeschwindigkeit und deren Richtung auszuüben.

Auch hier steht natürlich die Ermittlung des Kundenanliegens im Vordergrund. Mit dem Erscheinen der Kundschaft, unabhängig ob diese aus Ihrem Bestand stammt oder Neukunden sind, müssen Sie das Kundenanliegen ermitteln. Akquirieren Sie die grundlegenden Daten für dieses Minikontinuum.

Auch der Wunsch nach einer Reparatur gleicht in seiner Struktur und seinen Phasen denen des Verkaufskontinuums. Dieses Kontinuum umfasst genauso die Akquisitionsphase, Informationsphase, Kaufphase, Produktionsphase und Produktnutzungsphase. Also, akquirieren Sie den Kunden und lassen Sie sich vom Kunden akquirieren! Dann informieren Sie die Kundschaft über die Vorteile der Reparatur. Verankern Sie die Absprachen über die Reparatur schriftlich mit der Kundschaft. Führen Sie die Reparatur so aus wie vereinbart und lassen Sie den Kunden glücklich werden.

Betreuen Sie den Kunden nach der Reparatur weiter. Halten Sie Ihr Sympathielevel dadurch hoch. Bedenken Sie jedoch, sobald die dauerhaften Kosten für den Kunden in Bezug auf die Neuanschaffung in einem Missverhältnis steht, wird der Kunde sich sehr schnell in ein neues Kontinuum begeben. Jetzt müssen Sie für diese Kundschaft da sein.

Während der Sektion der Produktgewohnheit hielten Sie die Kundschaft auf dem Laufenden in Bezug auf Ihre Produkte und Dienstleistungen.

Ihre Kundschaft weiß, Sie haben nicht mehr nur dieses, aus Sicht der Kunden „Jetzige" sondern ein „Neues". Dieses „Neue" entspricht den veränderten Bedürfnissen. Oder dieses „Zukünftige" entspricht möglicherweise erst zukünftigen Bedürfnissen. Dann sollten Sie diese Information in Ihrem Datenwarenhaus verankern.

Wie Sie wissen bewirken innere und äußere Einflüsse durch starke Impulse die Bewegungsgeschwindigkeit der Kunden. Wenn Sie nun erfahren haben, ein bestimmtes Ereignis, bedingt die sofortige Beendigung des „Jetzigen" Kontinuums und damit den Beginn des „Zukünftigen" Kontinuums, dann müssen Sie nur darauf warten, damit jenes Ereignis eintritt. Ein Bespiel ist der Eintritt ins Rentenalter oder die Geburt eines Kindes.

Wenn Sie diese Information besitzen, dann handeln Sie sobald dieses Ereignis eintritt. Sie müssen nur 2 Faktoren beachten. Zum einen: Wann tritt dieses Ereignis ein, und zum zweiten welche Reaktion wird von Ihnen erwartet. Dann kontaktieren Sie diese Kundschaft und sie haben diese in ein neues Kontinuum begleitet. Sie mussten nur eines machen, gewissenhaft die erhaltenen Informationen erfassen und diese auszuwerten und dann zum Wohle der Kundschaft einzusetzen. Neben diesen Kunden von denen Sie diese Information erhielten welcher Impuls notwendig ist um durch eine katapultartige Beschleunigungsbewegung die Kundschaft in ein neues Kontinuum befördert, gibt es auch jene die von solchen Impulsen nicht berichten.

Natürlich ist der Hintergrund, diese Kundschaft weis von jenen Impulsen nichts. Diese Kundschaft wird aber trotzdem von Impulsen in Bewegung gehalten.

Auch diese Kundschaft erreicht irgendwann einmal den Zeitpunkt zur Veränderung. Dann muss die Kundschaft zu allererst an Sie denken. Die Kundschaft befindet sich noch in der Sektion der Produkterschöpfung, aber steht auf dem Sprung hin zur Sektion der Produkterneuerung.

Der Produkterneuerung

In den vorrangegangen Abschnitten behandelten wir bisher folgende Sektionen der Produktnutzenphase:

Das Produktkennen

Der Produktgenuss

Die Produktgewohnheit

Die Produkterschöpfung

Die letzte Sektion in der Produktnutzenphase wird die Produkterneuerung bezeichnet. Diese wird dadurch gekennzeichnet, die Kundschaft kann ihr „Bisheriges" nur noch eingeschränkt nutzen.

Es mag sein, der allgemeine Fortschritt hat dieses „Bisherige" überholt. Aber es kann auch sein die Kundschaft hat sich von den Funktionalitäten des „Bisherigen" entfernt. Also durch äußere oder innere Einflüsse sind die bisherigen Nutzungsgegebenheiten nicht mehr relevant. Im Allgemeinen treten diese Veränderungen schleichend ein, bis es zu einem akuten Ereignis kommt. An diesem Ereignispunkt findet die Trennung zwischen Kundschaft und „Bisherigen" statt.

Sie sollten jetzt für Ihre Kundschaft da sein und diesen Wandel aktiv gestaltet haben. Dann werden Sie dieser Kundschaft mit ihrem Produkt das „Neue" servieren. Aber wie sieht dieser Übergang nun im Einzelnen aus? Ich schrieb ja schon die Bewegungen der Kundschaft innerhalb des Kontinuums werden durch Impulse ausgehend von inneren und äußeren Einflüssen erzeugt.

Diese Impulse führen zu Beschleunigungen der Kundschaft und damit eine Änderung der Bewegungsgeschwindigkeit und Richtung, hin zu einem neuen Kontinuum. Natürlich sind diese Impulse im Allgemeinen nur mit wenig Energie versehen und stoßen die Kundschaft nur sehr gering an. Aber auch hier stimmt jenes Sprichwort von dem steten Tropfen der den Stein höhlt.

Wenn Sie in der Lage sind Ihre Kundschaft regelmäßig zu kontaktieren, dann geben Sie Impulse und steuern damit die Kundschaft. In den Sektionen, Produktkennen, Produktgenuss, Produktgewohnheit werden Sie mit Ihren Impulsen vor allem die Richtungsoptimierung anstreben. Ihre Kundschaft wird regelmäßig von Ihnen betreut und erfährt neben der Produktnutzung auch Ihre Anwesenheit. Dieses Zusammenspiel soll dazu führen, die Kundschaft wird von Ihnen durch die Betreuung gesteuert und die Zeit welche die Kunden mit Ihnen nutzt, kann kein Mitbewerber nutzen. Dieses Betreuen führt aber auch zu einer Immunisierung gegen Impulse welche gegen Ihre Richtungssteuerung wirken könnte. Alle diese Impulse bewirken zwischen Ihnen und Ihrer Kundschaft „Ping und Reping".

Hiermit verbunden ist der Wunsch der Kundschaft Ihnen auch Mitteilung über jenes akute Ereignis zu geben, welches zum abrupten Ende des bisherigen Kontinuums führte. Wenn Sie dieses erreichten, dann haben Sie bei der Kundenbetreuung alles richtig gemacht. Andererseits wollen Sie es aber auf diesen Kontakt ankommen lassen?

Sie wissen, auf dem Markt befinden sich auch andere Anbieter, es reicht eine Kleinigkeit und es wird ein Impuls von dieser Seite ausgelöst, der jenes akute Ereignis erzeugt. Bedenken Sie die Kundschaft befindet sich am Ende des Kontinuums von ihrem „Jetzigen".

Die Kundschaft benutzt ihr „Jetziges" nun schon einen längeren Zeitraum und stellt fest, es gibt Neuerungen auf dem Markt welche zweckmäßig und wünschenswert sind, jedoch vom „Jetzigen" nicht erfüllt werden. Sie haben durch Ihre Kontaktierung mit der Kundschaft von dieser Tatsache Kenntnis erlangt.

Es bedarf nur noch eines akuten Ereignisses, damit dieses Kontinuum endet. Lassen Sie uns doch untersuchen ob Sie dieses Ereignis erzeugen können? Zum einen ist es wie schon mehrfach erwähnt, Sie müssen Kontakt zur Kundschaft haben. Wie, wo und wann haben Sie in Ihrem Datenwarenhaus hinterlegt. Sprechen Sie darum die Kundschaft an. Sie werden erfahren die Kundschaft, welche Ihnen ja schon vor einem gewissen Zeitraum vom Eintreten in den Sektor der Produkterschöpfung berichtete, hat jetzt das Ende dieses Sektors erreicht. Oder aber die Kundschaft erfährt diesen Standort im Kontinuum von Ihnen. Egal, die Kundschaft muss den Wunsch, Bedarf oder Zwang verspüren in ein neues Kontinuum eintreten zu wollen.

Jetzt ist der Moment da, hinterlegen Sie Ihre neu gesammelte Information im Datenwarenhaus. Diese Information wird im Unternehmen ausgewertet und Ihre Verkaufsabteilung betreut diese Kundschaft weiter. Diese akquiriert ehrlich die Kundschaft nach den benötigten Produktinformationen. Akquirieren Sie die Kundschaft wirklich gewissenhaft.

Die Kundschaft hat sich weiterbewegt, nicht nur von einem Kontinuum zum nächsten, sondern auch innerhalb des Lebenskontinuums. Diese Bewegung führt zu Veränderungen der unterschiedlichsten Art. Darum müssen Sie diese nun gewissenhaft erarbeiten. Die Kundschaft weiß über Sie Bescheid und ist sich sicher, Sie verwenden die erhaltenen Informationen nur zu deren Nutzen. Darum wird sie Ihnen gerne diese nötigen aktualisierten Daten geben. Nun ist es ein leichtes die Kundschaft über ihr „Zukünftiges" zu informieren.

Erklären Sie die Veränderungen gegenüber dem „Bisherigen". Erläutern Sie vor allem den Nutzen für die Kundschaft aus dieser Veränderung. Vergewissern Sie sich ob die Kundschaft mit dieser Veränderung einverstanden ist! Lassen Sie sich den Wunsch nach diesem Nutzen bestätigen. Erfragen Sie weiteren Wunsch und Bedarf. Bringen Sie auch diese in Ihrer Gestaltung des „Neuen" unter. Erarbeiten Sie alle notwendigen Details für dieses „Neue"! Wenn die Kundschaft mit Ihnen dieses zusammengestellt haben, dann lassen Sie sich die Vollständigkeit der Eigenschaften des „Neuen" bestätigen.

Danach brauchen Sie der Kundschaft nur Ihren notwendigen Gegenwert für dieses „Neue" mitteilen. Sie haben diese Kundschaft über einen langen Zeitraum hinweg betreut und sind bei dieser Betreuung immer sicher und im Bewusstsein Ihres kundenorientierten Handelns aufgetreten. Darum werden Sie auch jetzt nicht Ihre Kundschaft zu deren Nachteil bedienen, sondern eine reelle Kalkulation zu Grunde legen.

Lassen Sie sich nun von der Kundschaft bestätigen, sie möchte nun von Ihnen den Wunsch oder Bedarf erfüllt bekommen. Halten Sie die erwähnten Details schriftlich fest.

Nun kann alsbald die Produktionsfertigung erfolgen und danach kann der Transfer des Produktes (POT) stattfinden. Sie übergeben der Kundschaft genau das vertraglich festgelegte Produkt und erhalten dafür Ihren kalkulierten Gegenwert. In diesem Moment beginnt für die Kundschaft ein neues Kontinuum.

Damit verbunden ist die Sektion des Produktkennenlernens. Hierbei werden wieder Ihre Mitarbeiter aus dem Betreuungsteam gefragt sein. Wie diese mit der Kundschaft zusammenarbeiten habe ich vorstehend erläutert.

Eines möchte ich an dieser Stelle Ihnen unbedingt ans Herz legen, nutzen Sie eine evt. Zwangssituation nie aus. Die Kundschaft welche sich hernach im nächsten Kontinuum nicht wohlfühlt, könnte dieses ohne Ihre Betreuung durchschreiten, weil diese Kundschaft, Ihre Betreuung ablehnt. Diese Ablehnung rührt da her, Ping und Reping ergaben eine Information welche disharmonisch auf dieses Verhältnis wirkte. Diese Disharmonie hat einen energetischen Inhalt der wie ein Impuls wirkte und die Kundschaft in eine von Ihnen abweisende Bewegungsrichtung lenkte.

Seien Sie sich bewusst, die Kundschaft möchte in allen Situationen von Ihnen gut beraten werden. Die Kundschaft möchte zum eigenen Wohl beraten werden. Für Sie liebe Leser, ist der Verkauf alleine wichtig.

Warum wollen Sie etwas verkaufen, welches der Kundschaft schadet, wenn Sie auch etwas verkaufen können welches der Kundschaft nutzt?

Verkaufen Sie kundenorientiert, auch wenn dieses jetzt verkaufte Produkt in diesem einen Moment weniger Profit einbringt!

Kommt der Kunde, weil Sie ihn zu seinem Wohle bedient haben, regelmäßig und zufrieden zu Ihnen zurück, dann ist der regelmäßig kleinere Profit mehr Wert als der einmalige höhere Profit.

Epilog

Liebe Leser, Sie haben auf den vorangegangenen Seiten viel über das Kontinuum aus Sicht des Verkaufsteams und aus Sicht der Kunden betrachtet, gelesen. Hierbei stellte ich heraus, es gibt eine Gesetzmäßigkeit in Bezug auf die Ablaufsystematik und Steuerungsmechanismen.

Sie konnten lesen wie Sie gezielt Impulse setzen können. Diese beruhen auf inneren und äußeren Einflüssen. Diese Einflüsse bewirken nicht nur Ihre Impulse, sondern auch die Impulse welche von außerhalb Ihres Wirkungskreises auf die Kundschaft einwirken. Alle diese Impulse hatten einen energetischen Fluss zur Folge. Dieser setzte die Kundschaft in Bewegung. Je nach der energetischen Eigenschaft des Impulses bewegte sich die Kundschaft innerhalb des Kontinuums in eine Richtung. Ihr Interesse sollte es dabei sein, die Kundschaft möglichst in eine Richtung zu Steuern welche in Ihrem Sinne liegt. Diese Steuerung bedingt, Sie haben die Kenntnis über die Abläufe, Phasen und Bewegungssteuerung im Kontinuum. Diese Kenntnis setzen Sie zum Wohle der Kundschaft ein!

Nur unter dieser Voraussetzung wird die Kundschaft sich gut beraten fühlen und mit Ihnen auch den Weg durch das nächste Kontinuum gehen. Ihre Kenntnisse über die Eigenschaften des Kontinuums verhelfen Ihnen, sich der Positionierung der Kundschaft anzupassen.

Sie betreuen die Kundschaft nach deren Wünschen und Bedürfnissen. Sie ermitteln gewissenhaft den Standort der Kundschaft im Kontinuum. Dann passen Sie Ihre Betreuungsmethodik diesem Standort an. Sie sind flexibel und orientieren sich an der Positionierung der Kundschaft. SIE passen sich den Wünschen, Bedürfnissen oder Zwängen der Kundschaft an!

Ihnen begegnet bei der Akquisition eine noch völlig unbekannte Kundschaft? Dann verfahren Sie genau so! Gehen Sie niemals von vornherein davon aus, diese Kundschaft sei nur Ihres Erscheinens wegen schon automatisch in der Verkaufsphase. Ermitteln Sie gewissenhaft den korrekten Standort der Kundschaft und deren Bewegungsgeschwindigkeit und Richtung. Nur dann werden Sie erfolgreich mit der Kundschaft zusammen arbeiten.

Bereiten Sie sich darum auf ein Gespräch mit der Kundschaft gewissenhaft vor. Sie besitzen ein gut geführtes Datenwarenhaus aus dem Sie alle nötigen Informationen erhalten.

So wie in diesen 3 Bänden aus der Reihe „Das Akquisitionshandbuch" von mir detailliert erläutert gibt es außer diesen hier betrachteten Kontinuen, noch eine Vielzahl weiterer. Nicht alle sind für Sie als kundenbetreuendes Team zielführend bestimmend. Jedoch sollten Sie jenes „Kontinuum des Lebens" beachten. Wie auch im Verkaufskontinuum oder im Kontinuum der Kundschaft gibt es unterschiedliche Phasen. Im Unterschied zum Verkaufskontinuum unterliegt das „Kontinuum des Lebens" einer viel größeren Zahl von Impulsen. Die Strukturen sind um ein Vielfaches komplexer und müssen daher separierter betrachtet werden. Weiterhin ist die

Bewegungsrichtung und Geschwindigkeit des Einzelnen noch schwieriger zu erkennen, da Sie als Betrachter Ihrerseits sich ebenso in Bewegung befinden.

Diese Instabilität eines Jeden innerhalb seines eigenen spezifischen Kontinuums macht die reale Betrachtung so schwer. Da ein jeder Betrachter selber eine instabile Position besitzt, ist eine Standortbestimmung eines anderen immer nur relativ zum eigenen instabilen Standort möglich. Jedoch ist die Annäherung an den Standort des anderen mittels energetischer Impulse möglich.

Im Verkaufskontinuum haben wir einen energetischen Fluss der am POT stattfindet. Hier am (point of transfer) transferieren Kundschaft und Verkäuferschaft die vereinbarten Produkte oder Dienstleistungen gegen die Honorierung. Diese entschädigt ihrerseits für die aufgewendete Arbeitsleitung und sichert dem Team der Kundenbetreuung ihren Lebensunterhalt. Natürlich erhält es auch einen tatsächlichen energetischen Schub, wenn die zufriedene Kundschaft auf dieses Team mit Dank und Zufriedenheit zukommt. Die Kundschaft erhielt diesen energetischen Schub ihrerseits durch die Nutzung Ihrer Produkte oder Dienstleistungen.

Im Kontinuum des Lebens gibt es diese energetischen Ströme ebenso. Vielfach werden diese als selbstverständlich hingenommen. Darum gehen Sie mit offenen Augen durch die Welt und erkennen Sie diese Ströme und nehmen Sie die Wirkung auf. Bedenken Sie es entsteht immer dann wenn sich 2 begegnen, zwischen ihnen ein 3. Dieses 3. Ist jenes Ping, welches auf einer weiteren Ebene mitschwingt. Wenn

Sie Impulse mit positiver Energie erhalten, reguliert dieses auch den Rückfluss der Energie.

Nehmen Sie ein Beispiel: wenn bei der Herstellung eines Produktes der Mitarbeiter mit einer negativen Einstellung an die Arbeit geht und darum schlechte Qualität erzeugt, steckt in diesem Produkt negative Energie. Der spätere Nutzer, wird mit der schlechten Qualität unzufrieden sein und diese im Produkt steckende negative Energie aufnehmen. Beim nächsten Kontakt mit dem Kundenbetreuer wird die Kundschaft sich beschweren und diese negative Energie weitergeben. In einem extremen Fall führt es dazu die Kundschaft verlässt dieses Kontinuum und durchläuft ihr nächstes Kontinuum mit einem Produkt eines Marktbegleiters. Jenes erste Team wird nun ihre negative Energie an das Produktionsteam weitergeben. So ist ein Kreislauf der negativen Energien entstanden.

Achten Sie darauf, sich den positiven Energien zuzuwenden. Merzen Sie die negativen Quellen frühzeitig aus! Durchbrechen SIE zuerst einen solch möglich entstehenden Kreislauf.

Im „Kontinuum des Lebens" werden solche Situationen noch viel häufiger auftreten. Lassen Sie sich davon nicht einfangen. Vielmehr sollten Sie sich mit der Kundschaft zusammenschließen, die glücklich und zufrieden ist. In der Zeit, die Sie mit dieser nun positiv gestimmt verbringen, hat ein anderer Impuls keine Chance.

Nutzen Sie diese erhaltene positive Energie um sich anderen glücklichen Kunden anzunähern. Wenn Sie dort mit Ihrer positiven Energie erscheinen werden Sie neue Kontakte kennenlernen welche sich im Umkreis dieser positiven Kontakte befinden. Mit der Kontaktierung dieser, wird es zwischen Ihnen ein positives Energiefeld geben. In diesem werden Sie den Standort dieses Kontaktes in dessen derzeitigen Kontinuum ermitteln. Fortan werden Sie diesen Kontakt betreuen.

Liebe Leser, hiermit möchte ich meine Ausführungen beenden. Ich hoffe Sie hatten eine spannende Lektüre. Aber vor allem wünsche ich Ihnen diese Informationen waren für Sie mit äußeren Einflüssen verbunden. Diese lösten Impulse aus welche Sie bei der Kundenbetreuung jene Energien gab, damit Sie erfolgreicher Ihre Arbeit erledigen konnten.

Der Autor

Dirk Meybohm

Nach dem Besuch der Oberschule, dem erfolgreichen Absolvieren seiner Berufsausbildung und danach folgender beruflicher Praxis, begann er im Jahre 1990 mit der Vermittlung von Bauspar- und Versicherungsverträgen. Hierbei erlernte er die Grundlagen von verkäuferischen und akquisitorischen Fähigkeiten und eignete mir erste Kenntnisse an. Zu dieser Zeit absolvierte er zusätzlich ein Ingenieurstudium in Apolda und Dresden. In dieser Zeit fertigte, Dirk Meybohm erste Referate an, und trug diese auch vor.

Ab 1993 war er im Verkauf von Immobiliensanierungen und deren Finanzierungen, tätig. Während dieser spannenden Tätigkeit erweiterte Dirk Meybohm sein Wissen in der Direktvermarktung und der Akquisition. Im Jahr 1997 wechselte er in die Kraftfahrzeugbranche. Hier vertiefte er sein Wissen im Verkauf durch den täglichen Kontakt zu Kunden. Er bildete sich durch Teilnahme an Schulungen und im Selbststudium weiter. Dabei begann er erste eigene Artikel zu schreiben und teilweise zu veröffentlichen. Die Sammlung von Artikeln wuchs schnell an.

All diese beruflichen Erfahrungen, ließen den Entschluss reifen das gesammelte Wissen zu veröffentlichen. Die erste Ausgabe seines Buches: "Das Akquisitionshandbuch" erschien dann 2009.

Im Jahr 2011 erfolgte die Überarbeitung dieses Buches und es kam zur Veröffentlichung des Bandes: „Das Verkaufskontinuum".

Mit dem Einzug von kostengünstigen elektronischen Lesemedien wuchs der Markt des elektronischen Buches. Somit erfolgte eine weitere komplette Überarbeitung der bisherigen Herausgaben. Ihnen liegt hier nun der:

Band 3 „Nach dem Kauf ist vor dem Kauf" vor.

Weiterhin erhältlich sind:

Band 1 „Das Verkaufskontinuum" und

Band 2 „Wege zum Kunden"

Wenn Sie bis an diese Stelle gekommen sind, dann wird Ihnen klar geworden sein, dass erfolgreiches Verkaufen viel Arbeit und Beharrlichkeit bedeutet – aber auch Spaß machen kann. Mit diesem Buch haben Sie einen richtigen Weg für Ihren Verkaufserfolg begangen.

Viel Erfolg wünscht Ihnen auf dem Weg zum besseren verkaufen Ihr Dirk Meybohm!

Herstellung und Verlag:
BoD - Books on Demand, Norderstedt
ISBN 978-3-7357-8126-0